出目キング!

デメ研
（出目馬券研究会）

KKベストセラーズ

序章 一攫千金も夢じゃない！出目馬券への扉

第1章 買い消しの法則、発見！ＪＲＡ10場の最強出目

第2章
"あの重賞"の舞台を解剖！ 重要25コースの最強出目

本文、出目表中の丸数字は、馬番を示しています。出目表中の★は大外の馬番です。★と☆の違いについては、P106をご覧ください。
なお、馬券は自己責任において、購入お願いいたします。

装丁・本文DTP◎オフィスモコナ
撮影◎武田明彦　馬柱◎優馬

名称・所属・データは一部を除いて2018年3月4日現在のものです。
成績、配当は必ず主催者発行のものと照合してください。

序章

出目馬券への扉

一攫千金も夢じゃない！

GⅠのメガ3連単のカギは⑱番馬が握っている!?

「競馬の予想は勉強すればするほど、本命（人気馬）に近づく」

　こんな言葉を聞いたことはないだろうか。

　確かに、血統、タイム、ラップ、コースバイアス、騎手、調教師、ローテーション……多くのファクターを精査すればするほど、近走着順のいい馬や、競馬新聞で上から下まで◎が並ぶような馬たちが軸馬として浮かび上がってしまう。

　しかし、単勝1倍台の馬とて勝率は約50％程度、2回に1回は負ける。馬券圏内の複勝率では約80％程度、10頭中に2頭は圏外に消え去る。これは、皆さんが思っている以上にコケているのではないか。

　さまざまなファクターを検討し時間を割いたのにも関わらず、あっさりと負けてしまう本命馬たち。一方で、理屈では買えない馬が激走するシーンもたびたび見かける。こんな理不尽な事態に一体どう対処すればいいのだろうか。

　もとより、「気楽に馬券を購入し、より高配当をゲットする」が我々、デメ研の本筋。これは普通の競馬ファンだって、それが一番の理想に違いない。何も難しく考えて、外れ馬券の山を築いてしまっても仕方がない。

そこで、「出目（でめ）」である。


出目とは、もともとサイコロを振った目に由来しているらしい。普段、何気なく使っている単語だが、ちゃんとした意味があるのだ。

この出目、皆さんも意識したことは一度や二度はあるはず。例えば、自分の誕生日の日付を馬連で購入してみたり、今日は①番ばかり出ているなとか、ゾロ目の場合は枠連のほうが配当金も高い……というように、さまざまな局面で出目に触れているのは間違いないだろう。

「言霊（ことだま）」とは、言葉の内に秘められた「霊力」のことだという。口に出したことが不思議と実現したり、愚痴をこぼせば不幸を呼び寄せるという意味合いらしい。悪い言葉を吐けば、自分に降りかかっているという意味を持つ、我が国独特の文化だという。

実は数字にも霊力があるという考え方がある。「数霊（かずたま、すうれい）」と呼ばれるものだ。

神道において、言霊と数霊とは表裏一体のものとされ、言霊から数霊へ、あるいは数霊から言霊への変換が可能になっているらしい。現代の日本では、数霊の概念は、神道だけではなく、姓名判断などの占いや、風水などの開運術にも幅広く応用されているとのことだ。

つまり、出目も「数霊」のひとつなのだ。施行コースも違うのに、特定の馬番ばかりが連続して何度も出る日というのは科学的に説明がつかない。

例えば、中山開催で①番ばかりが出現している日があるとしよう。

一般的に中山ダート1200m戦は内枠が不利とされるコース、一方で中山芝1600m戦などは内枠が有利といわれている。

このように、コース形態や施行条件も違うのに、①番ばかりが連続して出現するというのは、明らかに理屈では説明できない。

もちろん、不利とされる中山ダート1200m戦で①番枠に強い馬が入っただけなのかもしれないし、有利といわれる外枠の馬が凡走しただけなのかもしれない。しかし、数の持つ不思議な力というのは実際に存在する。


例えば、時として飛び出る大穴馬券。1〜3着馬をしっかりと予想して的中させるのは至難の業だろう。3連単100万円を超えるような配当で決着したレースを、きっちりと予想し的中させるのは、なかなかできない芸当。

しかし出目ならば、こうした超特大配当をしとめることは珍しくない。

なぜなら、出目馬券術の大半は、一般的な予想ファクターが介在せず、その日やレースで強い数字を、馬の戦績に関わらず購入するだけだからだ。

つまり、馬の能力を見なくても馬券が買える。いや、馬の能力を見ないからこそ、特大配当をもたらすような馬が買えてしまうのだ。

表1は3連単100万超馬

表1●3連単100万超馬券の馬番別成績

馬番	着別度数	勝率	連対率	複勝率
1番	57- 59- 63- 798/ 977	5.8%	11.9%	18.3%
2番	56- 54- 79- 783/ 972	5.8%	11.3%	19.4%
3番	36- 43- 66- 830/ 975	3.7%	8.1%	14.9%
4番	56- 63- 59- 797/ 975	5.7%	12.2%	18.3%
5番	76- 64- 56- 778/ 974	7.8%	14.4%	20.1%
6番	51- 65- 68- 790/ 974	5.2%	11.9%	18.9%
7番	56- 60- 75- 783/ 974	5.7%	11.9%	19.6%
8番	72- 76- 57- 769/ 974	7.4%	15.2%	21.0%
9番	59- 70- 50- 797/ 976	6.0%	13.2%	18.3%
10番	72- 56- 62- 781/ 971	7.4%	13.2%	19.6%
11番	63- 65- 61- 784/ 973	6.5%	13.2%	19.4%
12番	72- 63- 66- 759/ 960	7.5%	14.1%	20.9%
13番	67- 65- 48- 756/ 936	7.2%	14.1%	19.2%
14番	70- 64- 61- 696/ 891	7.9%	15.0%	21.9%
15番	47- 45- 34- 693/ 819	5.7%	11.2%	15.4%
16番	48- 43- 47- 565/ 703	6.8%	12.9%	19.6%
17番	10- 8- 15- 187/ 220	4.5%	8.2%	15.0%
18番	10- 15- 9- 148/ 182	5.5%	13.7%	18.7%
偶数	507- 499- 508-6088/7602	6.7%	13.2%	19.9%
奇数	471- 479- 468-6406/7824	6.0%	12.1%	18.1%
大外	72- 74- 60- 769/ 975	7.4%	15.0%	21.1%

券となったレースの馬番別成績だ（3連単発売以降～2018年3月4日）。

3連単100万馬券超となったレースは977レース。この表を眺めているだけでも、さまざまなことに気がつくことだろう。

ひとつは偶数馬番が奇数馬番よりも、馬券になっている総数が多い。勝数で36、連対数で56、複勝数で96も偶数馬番が多くなっているのだ。

また、馬番ごとの成績の差も目立っている。⑰、⑱番はフルゲートの頭数の関係で少なくなっているのは仕方がないとしても、率ベースで③番と⑭番を比べれば、一目瞭然の差といっていいだろう。

3連単100万馬券で1着数の順に並べると、トップは⑤番の76勝だが、2位が⑧番72勝、⑫番72勝、大外馬番（レースによって異なる）72勝と続くのがわかる。一方で③番は36勝と低迷。倍以上も差があるのだ。

これを数霊といわずして何というのだろうか。極端なことをいえば、3連単100万馬券の頻出馬番から一発狙う手もあるだろう。

例えば、大外馬番。GⅠレースでは、ほぼ⑱番が該当することが少なくない。

07年NHKマイルCで⑱番枠に入ったのは18番人気（単勝136・6倍）のムラマサノヨートー。GⅠで最低人気になるような馬は、一般的なファクターで人気の盲点になっていた馬というわけでない。つまり、「予想していては買えない馬」ということになる。

ところが07年NHKマイルCは、1着に17番人気（76・0倍）⑭ピンクカメオ、2着1番人気（5・5倍）⑩ローレルゲレイロ、3着⑱ムラマサノヨートーの順で入線。3連複12万1770円、3連単973万9870円を記録したのだ。

最低人気とブービー人気の2頭が絡んだための超特大配当になったのは間違いないのだが、例えば1番人気のローレルゲレイロと大外馬番⑱ムラマサノヨートーから総流しをしていれば、獲れた馬券かもしれないし、大外馬番が3連単100万円超となるレースでは活躍しているということが頭に入っていれば、ヒモには入れることができたかもしれない。

08年桜花賞も大外馬番⑱が馬券に絡んで、3連単で驚きの配当を生んだレースだ。

1着になったのは12番人気（43・4倍）⑮レジネッタ、2着が15番人気（94・5倍）⑱エフティマイア、3着5番人気（10・8倍）ソーマジック。3連複は77万8350円、3連単は700万2920円という超特大配当だった。

記憶に新しいところでは、15年ヴィクトリアマイルを抜きにはできないだろう。1着になったのは5番人気（14・1倍）⑤ストレイトガール、2着12番人気（47・4倍）⑦ケイアイエレガント、3着18番人気（291・8倍）⑱ミナレットというもの。3連複は286万4880円、3連単は2070万5810円という超特大万馬券となったのだ。

ヴィクトリアMでは、3連単100万円超となった際にトップの勝ち星を挙げている⑤番が勝利（表1のデータはそれ以降の数字も含んでいるが、ヴィクトリアM時点でも上位の勝ち星を挙げていた）。馬の戦歴を見ずに大外馬番である⑱番を絡めて購入すれば、夢の2000万馬券へ近づくことができたかもしれない。

100万馬券と出目の関係を追求すると……

せっかくなので、もうしばらく3連単100万円超馬券と出目の関係について分析を続けてみたい。

2006年以降、3連単100万円超の配当となったのは907レース出現した。

偶数馬番が圧倒的に絡んでいるというのは、先ほど紹介した通り。907レース中、1〜

3着までを偶数馬番の3頭で占めたのは90レース。つまり、約1割が偶数馬番同士による1〜3着なのだ。2頭馬券になったのが356レースという具合である。

一方で奇数馬番が1〜3着の3頭を占めたのが、81レース。2頭馬券になったのが303レースだった。

単純に結論付けるのは危険だが、偶数馬番を2頭、奇数馬番を1頭組み合わせるのが、効率のいい「出目による3連単100万円超の狙い方」ということになる。

それぞれの例を元に分析することにしよう。

17年11月26日京都12R京阪杯。1着は9番人気（単勝36・9倍）の④ネロ。2着6番人気（11・6倍）⑥ビップライブリー、3着14番人気（61・8倍）⑭イッテツ。1〜3着まで偶数馬番同士により組み合わせだ。

このレースは16頭立てだったので、単純に8頭が対象馬となる。このうちの1頭をうまく軸にできていれば、3連単167万4510円を的中させることが可能だったかもしれない。3連単より点数が絞れる3連複の29万5980円でも十分だったろう。

17年、偶数馬番同士で決着した重賞は、他に阪急杯が挙げられる。1着が7番人気（25・7倍）②トーキングドラム、2着4番人気（16・1倍）④ヒルノデイバロー、3着12番人気（96・2倍

⑫ナガラオリオンによる決着。３連単は２４８万３１８０円（３連複23万９７６０円）という超配当だった。

この阪急杯は12頭立てだったことを考えると、極端な例だが偶数馬番６頭のボックスを購入しておけば、この２４８万馬券が的中したということになる。

偶数馬番が２頭馬券になった例では、17年北九州記念が対象例だ。

１着こそ奇数馬番で３番人気（５・７倍）⑨ダイアナヘイローだったが、２着14番人気（46・２倍）⑫ナリタスターワン、３着15番人気（55・７倍）⑱ラインスピリットで決着。３連単１０７万８２７０円（３連複24万４４５０円）となった。

３連単で１００万円超の配当を狙うのであれば、最低でも偶数馬番を２頭入れておくことが的中への近道だといっていい。

またこうした超配当は、不思議と一ケタ馬番か二ケタ馬番のどちらかに偏ることも少なくない。

例えば、18年１月14日には中山で１本、中京で２本、３連単１００万円超えの配当が飛び出した。

中山3Rは1着が14番人気（104・3倍）の⑩ミズカゼ、2着2番人気（4・8倍）⑫ヘッドスタート、3着13番人気（70・4倍）⑥ヒナイチカグラヤという決着。馬番では⑩→⑫→⑥ということになる。1、2着は二ケタ馬番だ。これで3連単104万5570円（3連複19万7390円）という配当だった。1、2着が二ケタ馬番同士ということにも注目しておいてほしい。

中京5Rは、1着は9番人気（27・6倍）①ハナソメイと奇数馬番だったが、2着18番人気（119・6倍）⑱プラードデラルス、3着8番人気（18・5倍）⑯サトノグリッター。2、3着は⑯⑱と二ケタ馬番同士だったのだ。

中京11Rは、1着に5番人気（9・6倍）⑱ココファンタジア、2着12番人気（35・2倍）⑰シャンデリアハウス、3着18番人気（125・1倍）⑭メイショウヤマホコというもの。3連単232万3130円（3連複49万2920円）という配当だった。1着馬の馬番が⑱、3着馬の馬番が⑭と二ケタの偶数馬番が2頭馬券になっている。

つまり、二ケタ馬番を組み合わせて3連単100万円超を狙う場合、思い切って取り上げる2頭は一ケタ馬番同士か二ケタ馬番同士かのどちらかに寄せてしまうことが得策だということだ。

この1月14日の開催では、二ケタ馬番の偶数馬番同士を2頭うまく組み合わせていれば、3連単100万円超の配当に近づけたということだ。

極論すれば、**②④⑥⑧の中から2頭を軸にするパターンか、⑩⑫⑭⑯⑱の中から2頭を軸にするパターン**で馬券を購入するのが3連単100万円超への近道ということになる。

ただし、18年は3月4日の開催までに3連単100万円超となる配当は15本出現しているが、偶数の一ケタ馬番が2頭馬券になった例は1レースもなかった。超大穴狙いであれば、⑩⑫⑭⑯⑱の二ケタの偶数馬番から2頭を軸にして馬券を買えばいいということになる。3連単で買い切れなければ3連複でも十分だろう。

ハッキリ表れるコースバイアスによる出目

ひと口に出目といっても、実は幅の広い馬券術である。馬券術というのは大袈裟かもしれないが、対象となる範囲が広いのだ。

例えば、新潟直線芝1000m。このコースは外枠有利で知られており、戦歴から買えないような馬でも、⑯や⑰、⑱番に入るだけで、そこそこ売れてしまうことがある。

これは、いわゆる「コースバイアス」（コースの設計から生じる偏り）と呼ばれるもの。馬の能力に関わらず、コースの特徴から出現しやすい馬番を狙い撃ちするというのも、出目攻略といっていいだろう。

そこまで厳密にコースごとの結果を集計しなくても、開幕週の芝なら内枠の先行馬が売れているというような現象も、出目の一種とカウントすることができる。

本来なら馬場差のないダートでも、日によっては二ケタ馬番ばかり出現するというような日があるだろう。天候や馬場状態の条件によって、3着以内に入ってくる馬番が変わることは珍しくないが、馬券を購入していると、やたらと目立つ数字（馬番）があるというのは誰しもが経験あるはずだ。

本書では、このように競馬場やコース形態による偏り（コースバイアスやトラックバイアス）からの出目を徹底検証することにした。

例えば、JRA全場の芝コースにおける馬番①の出現回数は【409－385－450－4011】（勝率7・8％、連対率15・1％、複勝率23・7％）という状況だ（データは15年1月4日～18年3月4日）。

表2はそれを競馬場ごとに分けたものである。すると、同じ①番でも競馬場によって大き

く出現率が変わっているのがわかるだろう。

函館競馬場の芝コースにおける①番の成績は【22―27―30―170】（勝率8・8％、連対率19・7％、複勝率31・7％）というもの。率ベースでは全場成績をすべて上回っている。

一方で、新潟芝コースにおける①番の成績は【21―17―31―394】（勝率4・5％、連対率8・2％、複勝率14・9％）。

もちろん、①番が圧倒的不利とされる新潟直線芝1000m戦の結果を含んでのものではあるが、仮に直線競馬の成績を除外しても、複勝率が16％台になるだけ。つまり、同じ①番でも函館の芝と新潟の芝コースでは、出現率に大きな差が生じているのだ。


そこで、1章では競馬場ごとによる出現しやすい出目をまず把握することにする。

また、レース番号（1～12R）との関係性も調査するこ

表2●馬番①の競馬場別成績（芝）

場所	着別度数	勝率	連対率	複勝率	単回値	複回値
札幌	14- 22- 31- 182/ 249	5.6%	14.5%	26.9%	28	74
函館	22- 27- 30- 170/ 249	8.8%	19.7%	31.7%	61	105
福島	29- 23- 29- 288/ 369	7.9%	14.1%	22.0%	94	79
新潟	21- 17- 31- 394/ 463	4.5%	8.2%	14.9%	60	53
東京	75- 58- 77- 607/ 817	9.2%	16.3%	25.7%	86	82
中山	46- 42- 54- 534/ 676	6.8%	13.0%	21.0%	43	60
中京	31- 26- 33- 331/ 421	7.4%	13.5%	21.4%	116	76
京都	72- 79- 77- 592/ 820	8.8%	18.4%	27.8%	72	86
阪神	66- 54- 54- 512/ 686	9.6%	17.5%	25.4%	81	67
小倉	33- 37- 34- 401/ 505	6.5%	13.9%	20.6%	47	68

とにした。例えば、東京芝のメインレースなら、軸にしやすいのは◎番、ヒモなら○番、穴なら★番というように統計を取って傾向と対策を発表することにしている。

レース番号を加えたのは、メインレースを中心に馬券を購入している人も多いため。朝のレースとは違う傾向になりやすいのか、それとも朝の傾向を引き継ぐことが多いのかを組み込んで集計したのだ。

2章は、GIなどが行なわれる主要コースのバイアス（偏り）から、軸にすべき馬番などを組み込んだ。例えば、天皇賞秋が行なわれる東京芝2000mは本当に内枠が有利なのか、桜花賞が行なわれる阪神芝1600mは外枠の出現が弱いのかを検証しながら、出目を模索している。

その一方で、出目といえば、占術系の影響を受けたものも外せないだろう。競馬新聞やスポーツ紙の競馬欄には面白いほど、この九星（一白水星など）や六曜（大安など）が掲載されている。

実は占術系もこのように東洋占星術を使ったものから、日付をすべて足し算するカバラ占星術に代表される西洋占星術を使った出目など、多岐に渡る。こうしたテーマの出目については次回以降の課題とした。

少し説明が長くなってしまったが、基本的には「自分で予想しても買えない（買いづらい）馬を出目によって炙り出そう」というコンセプトだ。

券種の中心は馬連、馬単、ワイド。さらにそれを応用して、3連複、3連単を当てようというのが本書のベースである。とにもかくにも、数字（数霊）の持つ威力に触れてみてほしい。

第1章

JRA10場の最強出目

買い消しの法則、発見!

バイアス研究……東京競馬場

●芝で激走する馬番①

芝とダートコースでは、①番の扱い方が圧倒的に異なる競馬場といっていいだろう。

芝コースでは【75―58―77―607】（勝率9・2％、連対率16・3％、複勝率25・7％）と、4レースで一度は馬券になっている割合。

対して、ダートでは【40―39―49―734】（勝率4・6％、連対率9・2％、複勝率14・8％）と一転して数字を落とす。

芝では18頭立ての可能性があることを考えると、数字以上に①番が馬券になっているといえるだろうし、ダートでは思っているほど3着以内をキープできていないということになるだろう。

特に**芝の重賞では、①番は黙って買い**といっていい。

例えば、2017年4月23日東京11Rフローラ S。勝利したのは12番人気（37・2倍）の①モズカッチャン。2着10番人気（32・2倍）⑦ヤマカツグレース、3着2番人気（4・1倍）⑭フローレスマジックが入り、馬連3万2010円、馬単6万7650円、3連複3万

５９４０円、３連単39万７３７０円の配当をつけた。

また、日本ダービーは１枠が強いことでも知られているレースだろう。ダービーにおける①番の成績は過去10年で【４―２―１―３】という成績を残している。

確かに上位人気馬が①番に入っていたことも少なくないが、11年のダービーでは10番人気（24・１倍）の①ウインバリアシオンがオルフェーヴルの２着に入っているし、前年の10年ダービーでは７番人

表１●東京【芝】馬番別成績

※データ集計は2015年1月4日～18年3月4日（以下同）

馬番	着別度数	勝率	連対率	複勝率	単回値	複回値
１番	75-58-77-607/817	9.2%	16.3%	25.7%	86	82
２番	63-64-59-631/817	7.7%	15.5%	22.8%	80	71
３番	48-62-60-648/818	5.9%	13.4%	20.8%	23	56
４番	64-55-61-636/816	7.8%	14.6%	22.1%	74	63
５番	66-75-56-621/818	8.1%	17.2%	24.1%	69	72
６番	67-57-69-622/815	8.2%	15.2%	23.7%	78	77
７番	64-60-61-629/814	7.9%	15.2%	22.7%	61	65
８番	56-60-41-654/811	6.9%	14.3%	19.4%	49	57
９番	53-49-59-637/798	6.6%	12.8%	20.2%	38	58
10番	48-57-50-613/768	6.3%	13.7%	20.2%	81	71
11番	42-42-57-587/728	5.8%	11.5%	19.4%	44	54
12番	57-53-39-509/658	8.7%	16.7%	22.6%	79	73
13番	24-34-40-478/576	4.2%	10.1%	17.0%	45	74
14番	27-34-34-418/513	5.3%	11.9%	18.5%	45	61
15番	21-22-18-388/449	4.7%	9.6%	13.6%	50	55
16番	23-21-15-328/387	5.9%	11.4%	15.2%	62	63
17番	7-13-13-185/218	3.2%	9.2%	15.1%	36	58
18番	15-4-9-153/181	8.3%	10.5%	15.5%	61	95
大外	71-47-47-653/818	8.7%	14.4%	20.2%	68	64

※大外は大外枠になったケースの総合（以下同）

気（31・9倍）の①エイシンフラッシュが勝利。15年ダービーでは5番人気（18・7倍）①サトノラーゼンが2着に入るなど、人気のない馬でも激走している。

東京芝重賞での①番は単勝回収率119％、複勝回収率79％とアタマで買っていい条件なのだ。馬の名前や能力を把握していなくても、①番に入った馬を軸にして馬券を購入していれば、それなりに大きい馬券が獲れるのは間違いない。

一方で、大外枠を除き、外目の枠になればなるほど複勝率が低下していくのが、東京芝コースの特徴でもある。

例えば、⑬番は【24―34―34―418】（勝率4・2％、連対率10・1％、複勝率17・0％）と、①番に比べて勝率は半分以下の数字になってしまうのだ。1番人気馬が⑬番に入った際の成績は【2―4―3―12】（複勝率42・9％）と、かなり危うい値となっている。このあたりは表1をよく見てもらうと、さまざまな違いに気づくはずだ。

●ダートは二ケタ馬番からチョイスせよ

ダートでは、芝と異なり二ケタ馬番のほうが複勝率で上位となるケースが少なくない。一ケタ馬番で複勝率20％を超えているのは、表2にもある通りで、④、⑥番しかない。

ところが、二ケタ馬番では⑩、⑪、⑭、⑮、⑯が20％を超えている。

わずかな差かもしれないが、少しでも馬券になるチャンスが大きいのは、二ケタ馬番というデータは覚えておきたい。

ちなみに15年～18年2月18日の期間で、東京で行なわれたダート重賞は14レースあった。そこで①番は1頭も馬券になっていない。

上位人気に推されるような馬は確かに入っていなかったのだが、一般的に距離ロスもなく有利とされる馬番も、重賞戦では買うだけ損をしてしまうのだ。

一方で、二ケタ馬番は9勝を挙げている。**東京のダート重賞では、二ケタ馬番**

表2●東京【ダート】馬番別成績

馬番	着別度数	勝率	連対率	複勝率	単回値	複回値
1番	40-39-49-734/862	4.6%	9.2%	14.8%	39	55
2番	47-45-58-716/866	5.4%	10.6%	17.3%	77	71
3番	52-45-54-713/864	6.0%	11.2%	17.5%	75	66
4番	60-59-54-690/863	7.0%	13.8%	20.0%	58	63
5番	53-67-52-693/865	6.1%	13.9%	19.9%	50	65
6番	71-54-63-679/867	8.2%	14.4%	21.7%	103	74
7番	49-50-65-702/866	5.7%	11.4%	18.9%	52	74
8番	56-58-55-693/862	6.5%	13.2%	19.6%	52	66
9番	55-60-51-697/863	6.4%	13.3%	19.2%	65	68
10番	64-71-66-659/860	7.4%	15.7%	23.4%	76	86
11番	63-55-58-672/848	7.4%	13.9%	20.8%	55	72
12番	51-53-60-669/833	6.1%	12.5%	19.7%	59	59
13番	56-54-39-660/809	6.9%	13.6%	18.4%	100	77
14番	58-58-44-629/789	7.4%	14.7%	20.3%	79	79
15番	52-51-48-591/742	7.0%	13.9%	20.4%	69	82
16番	43-50-50-543/686	6.3%	13.6%	20.8%	44	65
大外	58-65-69-675/867	6.7%	14.2%	22.1%	45	65

の中から1着となるような馬を探せばいい。

18年2月18日フェブラリーSを勝利したのがノンコノユメ。⑫番ゲートで快勝劇だった。

このノンコノユメは東京のダート重賞で4勝を挙げているが、15年ユニコーンSでは⑩番、同年武蔵野Sでは⑩番、18年根岸Sでは⑭番（大外に該当）、そしてフェブラリーSが⑫番というように、二ケタ馬番で4勝を挙げている。

この馬は決して内目の枠がダメという馬ではないのだが、東京ダート重賞では二ケタ馬番に入った際に、激走する確率が高まるのは間違いない。

ちなみに大外馬番（レースによって異なる）の総合成績は【58―65―69―675】（勝率6・7％、連対率14・2％、複勝率22・1％）と優秀。大外枠は、何もなければ最後にゲートへと誘導される。外から被せられることも少ないので、こと東京競馬場のダート戦においては、有効的な馬番だといっていい。

●東京11Rが芝戦だったら、馬番①は買い目に入れておきたい

最後に、競走番号との関係についても触れておくことにしよう。

例えば、芝の①番は11Rで圧倒的強さを誇る。先ほども少し触れたが、重賞では面白いよ

うに馬券となっている。

条件に関わらず「芝&11R」を満たす場合の①番の成績は【11―11―12―67】（勝率10・9%、連対率21・8%、複勝率33・7%）。単勝回収率112%、複勝回収率109%とベタ買いしても儲かるほど。

つまり、①番は東京メインが芝のレースなら、軸にしないほうがおかしいほどの馬番といっていい。

少し古い例だが、15年5月9日東京11RプリンシパルSでは1着が1番人気（1・9倍）⑯アンビシャス、2着8番人気（42・5倍）⑨ケツァルテナンゴ、3着18番人気（156・6倍）①マイネルシュバリエで決着。18頭立ての最低人気の馬まで馬券にしてしまうのが、「東京芝&11R」の怖さである。

このレース、3連複は14万1180円、3連単は44万6510円という配当だった。1倍台の1番人気アンビシャスとマイネルシュバリエのワイドは5760円、2着ケツァルテナンゴとのワイドは2万7970円となっている。

本章の後半にまとめている出目表は、こうしたデータを元に作成された。もちろん、レース番号が出現回数に大きな影響を与える明確な理由というのはないのかもしれないが、3年以上の集計において偏りがあるものは利用したほうがいいというのが、デメ研スタッフの結論である。

（東京出目表はP62〜63）

バイアス研究……中山競馬場

●芝でカギを握る⑥〜⑧番馬

中山の芝戦では、一ケタ馬番の複勝率が軒並み20％を超えているが、単複回収率を考慮すると⑥〜⑧番の中から軸を選びたい。

2017年秋のスプリンターズSでは、1着が1番人気（単勝3・2倍）の⑧レッドファルクス、2着5番人気（10・8倍）②レッツゴードンキ、3着7番人気（16・0倍）⑥ワンスインナムーンと、2頭が馬券になったほど。

ちなみに、17年は中山で行なわれる**GⅠ戦4レース中3レースで、⑥〜⑧番のうち1頭は必ず馬券になったのだ。**

皐月賞⑦ペルシアンナイト、ホープフルS⑦タイムフライヤー。17年末の有馬記念では不発に終わったが、過去10年の同レースでは⑥〜⑧番の馬が穴をあけていたケースは少なくな

表3●中山【芝】馬番別成績

馬番	着別度数	勝率	連対率	複勝率	単回値	複回値
1番	46-42-54-534/676	6.8%	13.0%	21.0%	43	60
2番	49-65-47-515/676	7.2%	16.9%	23.8%	55	63
3番	50-64-47-517/678	7.4%	16.8%	23.7%	56	64
4番	47-52-47-529/675	7.0%	14.7%	21.6%	52	65
5番	35-51-48-544/678	5.2%	12.7%	19.8%	31	65
6番	60-44-51-519/674	8.9%	15.4%	23.0%	77	81
7番	43-56-59-518/676	6.4%	14.6%	23.4%	78	77
8番	52-48-50-524/674	7.7%	14.8%	22.3%	81	75
9番	54-40-51-519/664	8.1%	14.2%	21.8%	70	59
10番	47-46-39-501/633	7.4%	14.7%	20.9%	73	69
11番	45-34-49-478/606	7.4%	13.0%	21.1%	72	63
12番	42-34-39-461/576	7.3%	13.2%	20.0%	65	72
13番	22-27-30-445/524	4.2%	9.4%	15.1%	93	69
14番	30-24-19-399/472	6.4%	11.4%	15.5%	88	57
15番	28-30-28-334/420	6.7%	13.8%	20.5%	88	89
16番	21-18-19-307/365	5.8%	10.7%	15.9%	95	69
17番	2-1-2-52/57	3.5%	5.3%	8.8%	20	40
18番	5-4-1-25/35	14.3%	25.7%	28.6%	806	174
大外	49-46-40-541/676	7.2%	14.1%	20.0%	115	71

い。15年有馬記念で1着に入ったのが、⑦ゴールドアクター。8番人気17・0倍という評価での勝利だった。

●ダート重賞は距離問わず⑭、⑯番馬が主役

ダートコースは、芝スタートの距離が長く「外枠有利」とされる１２００ｍ戦だけではなく、１８００ｍ戦でも二ケタ馬番後半の成績がいいことが判明している。

中山ダート戦では表4にある通り⑭、⑯番の単勝回収率が１００％を超しているのだ。複勝率も

表４●中山【ダート】馬番別成績

馬番	着別度数	勝率	連対率	複勝率	単回値	複回値
1番	48-47-52-748/895	5.4%	10.6%	16.4%	47	55
2番	45-42-49-761/897	5.0%	9.7%	15.2%	53	52
3番	57-50-54-736/897	6.4%	11.9%	17.9%	95	65
4番	71-62-63-700/896	7.9%	14.8%	21.9%	95	81
5番	56-57-60-722/895	6.3%	12.6%	19.3%	74	74
6番	48-55-43-748/894	5.4%	11.5%	16.3%	75	78
7番	57-54-54-730/895	6.4%	12.4%	18.4%	69	68
8番	58-54-66-715/893	6.5%	12.5%	19.9%	64	65
9番	55-63-58-716/892	6.2%	13.2%	19.7%	47	75
10番	68-59-63-694/884	7.7%	14.4%	21.5%	62	90
11番	50-76-54-690/870	5.7%	14.5%	20.7%	63	79
12番	65-68-54-674/861	7.5%	15.4%	21.7%	48	78
13番	54-56-59-670/839	6.4%	13.1%	20.1%	62	72
14番	62-61-56-624/803	7.7%	15.3%	22.3%	102	80
15番	53-49-63-588/753	7.0%	13.5%	21.9%	56	84
16番	52-45-50-535/682	7.6%	14.2%	21.6%	103	78
大外	76-65-62-689/892	8.5%	15.8%	22.8%	97	77

20%を超えているのであれば、無条件に押さえておいていい馬番だろう。

　中山ダートで行なわれる重賞は1200m戦のカペラSと1800m戦のマーチSのみだが、ともに⑭、⑯番が活躍する傾向にある。

■中山ダート重賞
過去3年6レースの決着出目

・15年マーチS
1着⑯（6番人気）　2着⑮（5番人気）
3着⑬（1番人気）
…3連単7万600円

・15年カペラS
1着⑭（3番人気）　2着⑬（4番人気）

3着⑫（6番人気）
…3連単4万8910円
・16年マーチS
1着④（8番人気）　2着③（1番人気）　3着⑧（2番人気）
…3連単5万80円
・16年カペラS
1着①（3番人気）　2着⑪（2番人気）　**3着⑭（1番人気）**
…3連単7320円
・17年マーチS
1着④（10番人気）　2着⑮（2番人気）　3着⑤（11番人気）
…3連単46万8890円
・17年カペラS
1着⑯（4番人気）　2着⑮（8番人気）　3着⑧（2番人気）
…3連単10万5610円

16年マーチSのように一ケタ馬番同士での決着もあるが、⑭、⑯番を狙って損がないのは理解できるだろう（データ集計後の17年マーチSも⑭番が連対）。

●芝でもダートでも、11Rの④番は拾っておきたい

芝・ダートを問わず、データ集計期間内に最も勝ち星挙げたのが④番（118勝）。9Rを除いた7R以降で、集中的に狙ってみると面白いだろう。先に触れた16、17年のマーチSでは⑭番、⑯番が不発だったものの、最多勝である④番が人気薄で勝利している。

不思議なもので④番は芝・ダートを問わず、3Rでの成績は【4—6—9—115】と複勝率14・2%、単勝回収率27%、複勝回収率45%と不振だが、11Rでは【12—11—11—97】と複勝率26・0%、単勝回収率107%、複勝回収率99%まで、大幅に数字を上げるのだ。

（中山出目表はP64～65）

バイアス研究……京都競馬場

●芝は内回りで堅実な①番、重賞で光る③、④番

表を見てもらえればわかる通り、芝もダートも①番、または⑥番以内の内目から軸を選ぶのが最適だ。

芝での①番の成績は【72―79―77―592】（勝率8・8%、連対率18・4%、複勝率27・8%）。勝率では②番や④番のほうが高いものの、複勝率が最も高いのがポイントだろう。

重賞戦全体では平凡な成績だったりするのだが、それでも**1、2番人気馬が①番に入った場合の成績は【7―1―1―5】と勝ち切っている**のがわかるし、複勝率64・3%を記録。

表5●京都【芝】馬番別成績

馬番	着別度数	勝率	連対率	複勝率	単回値	複回値
1番	72-79-77-592/820	8.8%	18.4%	27.8%	72	86
2番	75-60-72-611/818	9.2%	16.5%	25.3%	90	73
3番	64-64-65-625/818	7.8%	15.6%	23.6%	58	65
4番	77-70-71-603/821	9.4%	17.9%	26.6%	74	80
5番	72-61-72-616/821	8.8%	16.2%	25.0%	113	80
6番	69-69-76-604/818	8.4%	16.9%	26.2%	54	76
7番	75-64-65-607/811	9.2%	17.1%	25.2%	83	70
8番	61-61-55-625/802	7.6%	15.2%	22.1%	133	71
9番	45-57-49-613/764	5.9%	13.4%	19.8%	40	56
10番	45-58-53-548/704	6.4%	14.6%	22.2%	46	67
11番	47-49-29-502/627	7.5%	15.3%	19.9%	63	68
12番	36-35-36-444/551	6.5%	12.9%	19.4%	61	79
13番	23-29-30-385/467	4.9%	11.1%	17.6%	46	50
14番	22-27-29-327/405	5.4%	12.1%	19.3%	50	89
15番	22-18-24-273/337	6.5%	11.9%	19.0%	43	72
16番	12-12-16-238/278	4.3%	8.6%	14.4%	21	54
17番	0-2-6-128/136	0.0%	1.5%	5.9%	0	25
18番	6-6-3-98/113	5.3%	10.6%	13.3%	46	30
大外	62-71-68-620/821	7.6%	16.2%	24.5%	59	77

特に京都金杯では例年、1枠有利なのは説明するまでもなく、すでに知られている話ではないだろうか。

また、**①番は内回りコースでは複勝率が30%を超えている**のも京都芝の特徴だ。

芝内回り（1200、1400、1600、2000m）コースでの①番の成績は【39―39―44―278】（勝率9・8%、連対率19・5%、複勝率30・5%）。単勝回収率は77%と平凡だが、複勝回収率は102%をマークしている。勝てないまでも、人気のない馬たちが3着以内に入っていることがわかる値だ。

①番以外でも、内目の一ケタ馬番が優勢なコースなのは間違いない。例えば、距離、コースの内外を問わず、**強いのが③、④番だ。**

重賞における③番の成績は【10―7―4―36】（勝率14・9%、連対率25・4%、複勝率31・3%）、④番の成績は【8―7―8―44】（勝率11・9%、連対率22・4%、複勝率34・4%）。京都の重賞では、10頭未満のレースが多いということを割り引いても、③、④番が複勝率で30%を超えているのは注目だ。

例えば、2018年1月28日京都11RシルクロードS。1着は4番人気（単勝7・7倍）の①ファインニードル、2着5番人気（9・9倍）⑦セイウンコウセイ、3着15番人気

（92・6倍）④フミノムーンで決着。3連複5万4280円、3連単23万7290円という配当になっている。

このレース、1、2着馬のどちらかを軸にしていた方は少なくないだろう。3連系の馬券は3着が抜けたという人が多かったはず。ただ、京都の芝重賞で③、④番は強力な出目だということを理解していれば、押さえることができたのではないか。

シルクロードS以外にも③、④番に入った人気薄が馬券になったレースは少なくない。17年京阪杯では9番人気（36・9倍）の④ネロが1着。同年エリザベス女王杯では9番人気（26・4倍）④クロコスミアが2着。マイルCSでは7番人気（15・0倍）④サングレーザーが3着に入っている。

スワンSでは1着が2番人気（5・2倍）の③サングレーザー、2着12番人気④ヒルノデイバローと、1、2着したケースもあった（馬連1万3230円、馬単1万9320円）。

●ダートで④番は、このレース番号が狙い

ダートでも、傾向は基本的に同じ。狙い目は①番と④番だ。

④番は特に1、6、11、12Rで狙い目。

表６●京都【ダート】馬番別成績

馬番	着別度数	勝率	連対率	複勝率	単回値	複回値
１番	77-76-72-721/946	8.1%	16.2%	23.8%	77	93
２番	61-59-81-743/944	6.5%	12.7%	21.3%	58	76
３番	71-64-64-750/949	7.5%	14.2%	21.0%	96	75
４番	78-74-80-712/944	8.3%	16.1%	24.6%	86	92
５番	53-59-73-762/947	5.6%	11.8%	19.5%	77	69
６番	56-55-74-762/947	5.9%	11.7%	19.5%	68	71
７番	67-65-70-742/944	7.1%	14.0%	21.4%	90	81
８番	56-71-69-751/947	5.9%	13.4%	20.7%	88	84
９番	74-82-61-720/937	7.9%	16.6%	23.2%	124	105
10 番	78-66-50-713/907	8.6%	15.9%	21.4%	75	72
11 番	67-62-67-671/867	7.7%	14.9%	22.6%	97	91
12 番	66-46-56-642/810	8.1%	13.8%	20.7%	95	78
13 番	48-57-35-597/737	6.5%	14.2%	19.0%	61	53
14 番	32-45-38-550/665	4.8%	11.6%	17.3%	58	76
15 番	38-39 26-478/581	6.5%	13.3%	17.7%	84	74
16 番	30-31-36-387/484	6.2%	12.6%	20.0%	50	70

１Rでは【10―12―15―１１０】（勝率６・８％、連対率15・０％、複勝率25・２％）という成績で勝ち切れていないが、単勝回収率１３１％、複勝回収率１０８％を記録。

６Rでは【11―７―７―58】（勝率13・３％、連対率21・７％、複勝率30・１％）で単勝回収率２１１％、複勝回収率１１５％という具合。

11Rにダート戦が組まれることはそう多くないが、【５―５―６―19】（勝率14・３％、連対率28・６％、複勝率45・７％）と複勝率は50％近い値を示し、単勝回収率１４９％、複勝回収率２１７％を記録しているのだ。上位人気馬だけではなく、二ケタ人気馬の激走も目立っている。

もうひとつ、ダートの①**番は1Rと6Rが狙い目だ。**

1Rでは【12―14―14―109】（勝率8・1%、連対率17・4%、複勝率26・8%）。意外と勝ち切れず、単勝回収率82%と平凡も、複勝回収率は107%と高い値を示す。

6Rでの①番は【11―9―3―60】（勝率13・3%、連対率24・1%、複勝率27・7%）と単勝回収率236%、複勝回収率123%という高成績。

とにもかくにも、京都は芝もダートも①番を中心とした一ケタ馬番に注目だ。

（京都出目表はP66～67）

バイアス研究……阪神競馬場

●芝では、1番人気でも穴でも注目の⑪番

芝コースは①、②番といったところの複勝率は高いものの、馬券的には⑪、⑭番に入った人気薄馬の一発が怖い。

⑪番は2015年以降、単勝30倍以上の馬で6勝。万馬券馬も2勝しており、忘れた頃に人気薄で1着になるケースが目立つのだ。

また、1番人気馬が⑪番に入ると安定して走っている。**「阪神芝+1番人気+⑪番」**を満たす条件では**【12—11—3—10】**（勝率33・3％、連対率63・9％、複勝率72・2％）という成績で、しっかりと連対以上が望める。

重賞では3鞍しか該当馬はいなかったが、15年チャレンジCでは1番人気（単勝2・9倍）の⑪フルーキーが1着、同年朝日杯FSでは1番人気（1・5倍）⑪エアスピネルが2着、16年阪神大賞典では1番人気（3・0倍）⑪シュヴァルグランが1着。このように、堅実に走って

表7●阪神【芝】馬番別成績

馬番	着別度数	勝率	連対率	複勝率	単回値	複回値
1番	66-54-54-512/686	9.6%	17.5%	25.4%	81	67
2番	61-53-59-514/687	8.9%	16.6%	25.2%	62	82
3番	54-51-59-522/686	7.9%	15.3%	23.9%	52	85
4番	60-72-59-496/687	8.7%	19.2%	27.8%	78	83
5番	50-51-64-519/684	7.3%	14.8%	24.1%	45	70
6番	52-63-49-523/687	7.6%	16.7%	23.9%	62	70
7番	57-55-57-516/685	8.3%	16.4%	24.7%	74	77
8番	50-56-63-506/675	7.4%	15.7%	25.0%	58	70
9番	47-45-33-516/641	7.3%	14.4%	19.5%	99	64
10番	42-43-36-464/585	7.2%	14.5%	20.7%	46	66
11番	44-38-36-408/526	8.4%	15.6%	22.4%	177	106
12番	22-29-33-373/457	4.8%	11.2%	18.4%	42	63
13番	22-17-20-342/401	5.5%	9.7%	14.7%	67	51
14番	26-14-17-302/359	7.2%	11.1%	15.9%	185	78
15番	12-19-27-261/319	3.8%	9.7%	18.2%	35	59
16番	11-18-12-220/261	4.2%	11.1%	15.7%	60	90
17番	10-6-5-134/155	6.5%	10.3%	13.5%	50	61
18番	4-6-6-112/128	3.1%	7.8%	12.5%	46	41
大外	41-51-46-550/688	6.0%	13.4%	20.1%	61	60

いる。

芝コースで複勝率がトップになったのは④番。中でも**5Rに芝戦が組まれた場合の④番は無類の強さを発揮している。**同条件では【14―14―9―64】（勝率13・9％、連対率27・7％、複勝率36・6％）を記録し単勝回収率120％、複勝回収率85％という具合。

5Rには新馬戦や未勝利戦が組まれることが多いのだが、④番を徹底的に狙ってみるのも面白いだろう。

データ集計直後の3月11日阪神5Rでは、1着に3番人気（4・9倍）④カーサデルシエロ、2着7番人気（20・3倍）⑪サクラユニヴァース、3着13番人気（157・9倍）⑨ソルフェージュの順で入線。3連複20万1920円、3連単87万7410円の超特大配当が飛び出した。

超ド人気薄の3着馬が拾えたかどうかがポイントも、5Rの④番が強いこと、人気を落としている⑪番にも注意ということを覚えていれば、馬連6810円や馬単1万2020円程度なら引っかかった可能性もあるだろう。

●ダートは偶数上位、特に④、⑧、⑯番がオススメ

ダートはなぜか、偶数番が優位となっている。他の競馬場では奇数偶数による分類では大きな差が見られない。しかし、阪神ダート戦では次のように違いが見られる。

・奇数
【389—386—409—4772】
勝率6・5％　連対率13・0％
複勝率19・9％

・偶数
【415—419—396—4545】
勝率7・2％　連対率14・4％
複勝率21・3％

表8●阪神【ダート】馬番別成績

馬番	着別度数	勝率	連対率	複勝率	単回値	複回値
1番	51-37-57-656/801	6.4%	11.0%	18.1%	56	55
2番	55-48-69-629/801	6.9%	12.9%	21.5%	50	75
3番	51-60-54-635/800	6.4%	13.9%	20.6%	53	59
4番	41-66-75-619/801	5.1%	13.4%	22.7%	63	75
5番	43-60-62-638/803	5.4%	12.8%	20.5%	44	80
6番	61-52-54-634/801	7.6%	14.1%	20.8%	70	58
7番	65-46-46-643/800	8.1%	13.9%	19.6%	54	52
8番	74-62-40-620/796	9.3%	17.1%	22.1%	135	82
9番	56-60-57-617/790	7.1%	14.7%	21.9%	80	68
10番	49-53-54-622/778	6.3%	13.1%	20.1%	77	67
11番	58-42-45-604/749	7.7%	13.4%	19.4%	120	71
12番	44-58-43-561/706	6.2%	14.4%	20.5%	129	85
13番	34-46-52-522/654	5.2%	12.2%	20.2%	105	80
14番	51-37-34-485/607	8.4%	14.5%	20.1%	77	77
15番	31-35-36-457/559	5.5%	11.8%	18.2%	50	59
16番	40-43-27-375/485	8.2%	17.1%	22.7%	86	72
大外	73-68-53-607/801	9.1%	17.6%	24.2%	80	73

ちなみに先に触れた京都ダート戦では、奇数番の複勝率が21・2%、偶数の複勝率が20・9%というように大きな差が見られない。1・4%も複勝率が違うのは珍しい（総数を考えれば結構な差となる）。

京都ダート戦で迷ったら、まずは偶数馬番に入った馬から考えてみるといいだろう。表8を見ればわかるように、阪神ダート戦において複勝率が高いのは④番と⑧番、⑯番といったところだ。

●ダートで強い④番がアタマ、要注意⑧番2着で45万馬券！

本書カバーでも掲載している仰天馬券が当たってしまったのが、18年2月25日阪神12R（4歳上1000万下、ダート1400m）。もちろん、最初に出目だけの的中ではないことを申し添えておくが、的中の裏には紹介したデータも有効だったのは間違いない。

軸は2番人気（5・5倍）④ワンダーサジェスとした。前走で3着だし、京都ダートで強い出目の④番というのも、軸にしたひとつの要因だ。

相手に指名したのは15番人気（137・6倍）⑧シゲルゴホウサイ。正直、この2戦の戦歴を見ると来るとは思っていなかったが、阪神ダート戦では勝率も高く、常にマークが必要な馬番だ。もちろん、他にも6番人気（15・3倍）⑯リアルプロジェクトを絡めた馬券もある。

④ワンダーと⑧シゲルを1、2着にした3連単フォーメーションを購入。3着欄に選んだ5頭のうち⑯リアルプロジェクト以外は、複勝率が比較的高い馬番や、単勝回収率で100％を超えるような馬番を中心としている（単勝回収率を重視したのは、他の券種や組み合わせも購入しているため）。

結果、1着に④ワンダーサジェス、2着⑧シゲルゴホウサイ、3着7番人気（11・8倍）⑪メイショウタラチネと入線。⑪番は阪神

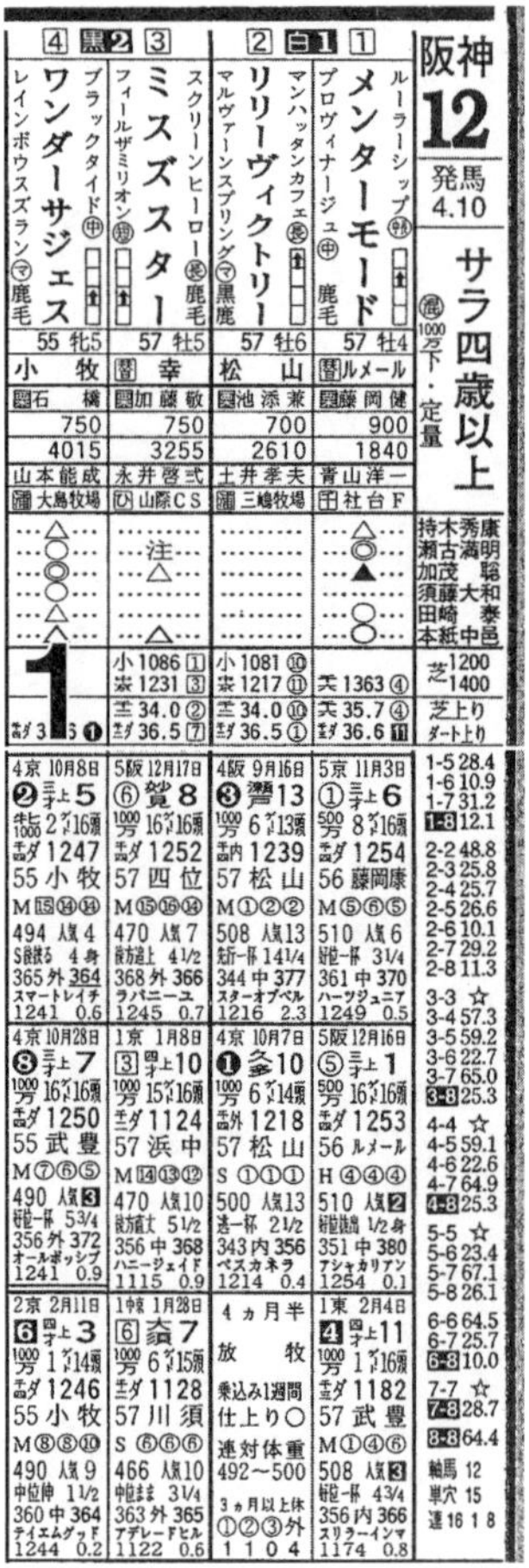

2018年２月25日阪神12Ｒ（４歳上1000万下、ダート1400m）

16	15	14	13	12	11	10	9	8	7	6	5
桃8	桃8	橙7	橙7	緑6	緑6	黄5	黄5	青4	青4	赤3	赤3
カリズマティック㊥	エンパイアメーカー㊥	ゴールドアリュール㊥	メイショウボーラー㋮	メイショウボーラー㋮	メイショウボーラー㋮	オレハマッテルゼ㋮	カルストンライトオ㊞	パイロ	ヴィクトワールピサ	パイロ	ハーツクライ
リアルプロジェクト	**ヴィルデローゼ**	**テーオーソルジャー**	**サンビショップ**	**メイショウギガース**	**メイショウタラチネ**	**タッチシタイ**	**メイショウテンセイ**	**シゲルゴホウサイ**	**ウォーターピオニー**	**ブライスガウ**	**ハーツジュニア**
トレンドエッセンス㊞	ブルーメンブラット㊥	ウエディングベリー㋮	トウヨウテースト㊥	シングフォアジョイ㊞	メイショウバトラー㊥	ジョウネツノアラシ㋮	ブルーロバリー㊥	シゲルラブスカイ㊞	マチカネハヤテ㊞	プリモスター㊥	エリーナ㊞
鹿毛	黒鹿	栗毛	栗毛	青鹿	黒鹿	栗毛	鹿毛	鹿毛	鹿毛	栗毛	鹿毛
57 牡6	55 牝4	57 牡7	57 騸6	57 牡4	55 牝6	56 牡8	57 牡4	55 牝6	55 牝5	55 牝5	57 牡6
池添	武豊	国分恭	川島	岩田康	川田	☆荻野極	鮫島良	津村	高倉	和田	太宰
羽月	石坂	宮	谷	岡田	高橋忠	音無	西橋	森田	河内	岡田	岩元
750	900	750	700	900	950	950	900	950	950	750	700
5280	1760	5100	4140	1922	4103	8440	1380	5675	2760	3940	2955
吉岡泰治	キャロットF	小笹公也	三嶋牧場	松本好雄	松本好雄	小田切有一	松本好雄	森中蕃	山岡良一	一村哲也	田畑利彦
原ファーム	ノーザンF	ヤナガワ牧場	吉田又治	中脇一幸	三木田明仁	木下牧場	橋本牧場	中央牧場	社台F	グランド牧場	浦河日成牧場
△	○	…	…	注	△	…	…	…	◎	▲	△
△	▲	…	△	△	△	…	…	…	…	…	…
…	△	△	…	○	…	…	…	△	…	注	…
△	▲	△	△	注	…	…	◎	…	…	△	…
…	◎	…	△	注	…	…	▲	…	△	△	…
B△	注	…	△	◎	B	…	…	▲	…	△	…
芙1353⑥ 犬1495⑥	芙1345②	崇1083⑤ 阪1218⑦	小1099⑮ 芸1294⑬	阪1094④ 芙1362⑥	阪[illegible] **3**	新1115⑫	小1117⑨	小[illegible] **2**	芙1346⑥ 京1220⑦		崇1092⑦ 京1236[9]
犬35.5⑥ 千四ダ36.3[4]	芙35.0② 千四ダ37.2❶	千二33.6⑤ 千二ダ34.9②	千二35.0⑮ 千二ダ35.2❸	千二34.3⑥ 千四ダ36.6①	[illegible]	千二35.9⑫ 千二ダ35.1[1]	千二37.1⑨ 千二ダ36.4⑦	千二3[illegible]⑩ 千ダ[illegible]	犬34.4④ 千四ダ36.3[1]	千二ダ36.2①	千二34.6⑦ 千ダ36.1[3]
1京 1月7日 ② 舞鶴12 1000万 8ダ14頭 千八ダ1544 57 藤岡康 S ④⑥⑥ 528 人気6 好位一杯 8身 380 中 382 アスターゴール 1530 1.4	1京 17年1月 ❺ 寿1 牝七未勝 11ダ16頭 千四ダ1245 54 福永 M ③③③ 468 人気❷ 好位抜出 3身 353 中 372 スマートレイチ 1250 0.5	5阪 12月23日 ⑦ 三才上13 1000万 16ダ16頭 千二ダ1125 54 富田 M ⑬⑩⑫ 464 人気6 外々回る 4½ 359 外 366 チェイスダウン 1118 0.7	2福 7月16日 ⑥ 鶴城7 1000万 15ダ16頭 千二芝1099 57 武士沢 M ⑩⑩⑪ 458 人気5 後方差詰 2½ 369 外 363 ウインオスカー 1095 0.4	2札 9月3日 ⑥ 三才上2 500万 7ダ16頭 千二1108 55 池添 M ⑦⑩⑨ 472 人気7 中位伸 1¼ 356 外 352 コロラトゥーレ 1106 0.2	5阪 12月2日 ① 三才上6 1000万 12ダ16頭 千四ダ1245 55 和田 M ⑨⑧⑧ 468 B 人気8 中位まま 9¼ 351 内 374 アディラート 1229 1.6	1京 1月13日 [4] 四才上11 1000万 12ダ16頭 千四ダ1268 56 加藤 M ⑭⑭⑮ 496 人気14 後方まま 12½ 366 中 378 スマートダンデ 1246 2.2	3阪 6月4日 ② 三才上12 500万 15ダ16頭 千四ダ1261 54 鮫島良 S ⑨⑪⑪ 482 人気8 中位一杯 13¼ 366 外 373 ケイマ 1240 2.1	4東 10月21日 ❻ 三才上3 1000万 9ダ16頭 千二ダ1173 55 北村宏 M ①①① 444 人気11 逃粘る 2身 350 内 364 タイセイプレシ 1170 0.3	4阪 10月1日 ⑨ 三才上1 牝500万 1ダ16頭 千四ダ1244 54 岩崎 H ⑫⑫⑩ 452 人気❶ 中位差切 クビ 359 中 366 ララベスラーナ 1244 0.0	2東 5月28日 [12] 薫風14 1600万 14ダ16頭 千六ダ1372 55 中谷 S ④③③ 474 人気13 好位一杯 8½ 357 中 370 ラインシュナイ 1358 1.4	5阪 12月17日 ⑥ 賀13 1000万 11ダ16頭 千四ダ1254 57 川島 M ④⑤④ 500 人気8 好位一杯 5½ 353 中 379 ラパニーユ 1245 0.9
2京 1月27日 [1] 四才上7 1000万 3ダ15頭 千四ダ1260 57 酒井 M ⑪⑧⑦ 536 B 人気7 外々回る 5¼ 363 外 375 トウケイワラウ 1251 0.9	2中 17年3月 ⑤ アネモネ10 牝七オープン 4ダ16頭 六外1361 54 内田博 M ⑤④⑤ 456 人気4 好位一杯 9身 355 中 371 ライジングリー 1347 1.4	1京 1月21日 [7] 四才上11 1000万 4ダ16頭 千二ダ1130 57 鮫島良 M [11]⑪[11] 474 人気11 前塞る 5½ 363 中 367 メイショウアリ 1120 1.0	1京 1月21日 [7] 四才上4 1000万 16ダ16頭 千二ダ1127 57 川島 M ⑪⑪⑪ 466 人気10 後方追上 4身 363 中 364 メイショウアリ 1120 0.7	5京 11月11日 ③ 三才上8 500万 1ダ15頭 千二ダ1131 56 浜中 M [6]⑤⑥ 470 人気5 中位まま 7身 356 内 375 パンサーバロー 1120 1.1	1京 1月8日 [3] 四才上3 1000万 10ダ16頭 千二ダ1118 54 小崎 M ⑪⑩[11] 470 B 人気12 中位伸 2身 354 外 364 ハニージェイド 1115 0.3	1中 1月21日 [7] 頌春8 1000万 14ダ15頭 千二ダ1119 57 三浦 H ⑩⑩⑪ 492 人気14 中位まま 5¾ 346 外 373 マテラスカイ 1109 1.0	4中京 12月9日 ③ 三才上7 500万 1ダ16頭 千二ダ1127 56 鮫島良 M [16]⑮⑮ 512 人気11 後方直伸 4¼ 363 内 364 オールドベイリ 1120 0.7	5東 11月11日 ③ 三才上6 1000万 16ダ16頭 千二ダ1192 55 大野 S [11]④③ 446 人気6 出遅る 5¾ 359 中 373 スピーディクー 1182 1.0	4京 10月28日 ❽ 三才上9 1000万 4ダ16頭 千四ダ1251 54 岩崎 M ⑧⑫⑫ 446 人気7 中位まま 6¼ 362 中 368 オールポッシブ 1241 1.0	5京 11月5日 ② 三才上4 1000万 4ダ16頭 千二ダ1122 55 中谷 H ①④④ 494 人気4 好位粘る 1身 347 内 375 グラップユアコ 1120 0.2	1京 1月20日 [6] 鷹峰9 1000万 11ダ11頭 千四外1236 57 幸 S ②②② 508 人気8 先行一杯 8¼ 357 中 364 ロライマ 1223 1.3
2京 2月11日 ❻ 四才上4 1000万 12ダ14頭 千四ダ1248 57 藤岡康 M ⑫⑪⑪ 532 B 人気11 後方差詰 2¾ 364 中 363 テイエムグッド 1244 0.4	2京 1月28日 [2] 四才上1 牝500万 15ダ15頭 千四ダ1264 54 武豊 M ①①① 476 人気❶ 逃切る 1¼ 356 内 384 デロングスター 1266 0.2	2京 2月3日 [3] 四才上4 1000万 9ダ14頭 千二ダ1131 57 鮫島良 M ⑥⑧⑨ 478 人気9 中位差詰 1身 366 内 365 シンゼンスタチ 1129 0.2	2京 2月3日 [3] 四才上8 1000万 1ダ14頭 千二ダ1135 57 川島 M ⑨⑩⑩ 468 人気5 中位まま 3¼ 367 中 368 シンゼンスタチ 1129 0.6	2京 2月3日 [3] 四才上1 500万 12ダ11頭 千四ダ1250 57 岩田康 M ③③③ 474 人気❸ G前競勝 クビ 358 中 371 マラードザレコ 1250 0.0	1京 1月21日 [7] 四才上9 1000万 15ダ16頭 千二ダ1130 55 川田 M ⑤②③ 470 B 人気❷ 先行一杯 5½ 355 中 375 メイショウアリ 1120 1.0	2京 2月3日 [3] 四才上11 1000万 12ダ14頭 千二ダ1138 57 松若 M ⑩⑪⑩ 494 人気13 後方まま 5¼ 369 中 369 シンゼンスタチ 1129 0.9	1中京 1月21日 ④ 四才上1 500万 16ダ16頭 千二ダ1127 56 古川 M ①③③ 506 人気❷ 好位抜出 1¼ 359 外 368 ワンダーパイフ 1129 0.2	1東 2月4日 ❹ 四才上10 1000万 15ダ16頭 千二ダ1181 55 柴田大 M ⑦④[3] 452 人気9 好位一杯 4¼ 356 中 366 スリラーインマ 1174 0.7	4ヵ月休 放牧 乗込み3週間 仕上り○ 連対体重 430～452 3ヵ月以上休 ①②③外 2002	5阪 12月10日 ④ 夢8 1000万 12ダ15頭 千二ダ1123 55 ルメール S ④⑤⑦ 488 人気❶ 好位一杯 5身 360 中 363 ヤマニンアンプ 1115 0.8	2京 2月11日 ❻ 四才上6 1000万 7ダ14頭 千四ダ1250 54 富田 M ①①① 504 人気10 逃一息 3¾ 350 内 376 テイエムグッド 1244 0.6

１着④ワンダーサジェス　（２番人気）
２着⑧シゲルゴホウサイ　（15番人気）
３着⑪メイショウタラチネ　（７番人気）
単④ 550円　複④ 220円　⑧ 2050円　⑪ 470円
馬連④－⑧ 28220円　馬単④→⑧ 39170円
３連複④⑧⑪ 102350円
３連単④→⑧→⑪ 459330円

ダートで単勝回収率が120％を超えていたのだ。

3連単45万9330円は、一番オイシイ買い目が馬券になってくれたというのは間違いないが、少なくとも阪神ダートは④、⑧番が強いということを知っていれば、馬連2万8220円、馬単3万9170円を拾うことはできたのではないだろうか。

表8を見てもらえればわかるように、1番人気（3・1倍）に推されていた⑮ヴィルデローゼを、わざわざ軸に据える必要はなかっただろう。⑮番の複勝率18・2％は①番に続いて悪い値だったのだ。

（阪神出目表はＰ68～69）

バイアス研究……札幌競馬場

●芝は1Rと11Rで強力な②番から

芝は表9を見ればわかるように、②番が狙い目となる。①番が14勝に対し②番は34勝。たった1ゲートしか違わないのに、結果は大きく異なっている。

特に1Rの②番が強く【6—3—2—13】（勝率25・0％、連対率37・5％、複勝率45・8％）、単勝回収率92％、複勝回収率186％という数字を残す。

1Rというと、2歳未勝利戦が中心になるが、場合によって頭数も少ないことがあり、配当妙味のない場合も目立つ。それでも②番は、4レースに一度勝利している計算なのが心強い。

11Rの②番も【5－5－1－22】（勝率15・2％、連対率30・3％、複勝率33・3％）、単勝回収率119％、複勝回収率109％と堅実に走っている。

2017年札幌記念では、13頭立てで12番人気（単勝68・1倍）の②ナリタハリケーンが2着に入って、馬連3万7670円、馬単6万9510円、3連複2万6730円、3連単20万1410円の大波乱となっている。

表9●札幌【芝】馬番別成績

馬番	着別度数	勝率	連対率	複勝率	単回値	複回値
1番	14-22-31-182/249	5.6%	14.5%	26.9%	28	74
2番	34-23-20-172/249	13.7%	22.9%	30.9%	126	112
3番	19-23-17-190/249	7.6%	16.9%	23.7%	53	68
4番	13-24-28-185/250	5.2%	14.8%	26.0%	75	79
5番	23-17-14-196/250	9.2%	16.0%	21.6%	71	70
6番	18-19-24-189/250	7.2%	14.8%	24.4%	77	67
7番	18-17-28-186/249	7.2%	14.1%	25.3%	49	68
8番	20-15-17-190/242	8.3%	14.5%	21.5%	57	61
9番	15-16-18-187/236	6.4%	13.1%	20.8%	44	75
10番	17-22-9-173/221	7.7%	17.6%	21.7%	90	76
11番	17-15-7-167/206	8.3%	15.5%	18.9%	44	46
12番	16-14-12-145/187	8.6%	16.0%	22.5%	122	75
13番	11-8-8-138/165	6.7%	11.5%	16.4%	80	54
14番	5-9-9-117/140	3.6%	10.0%	16.4%	13	65
15番	5-3-4-61/73	6.8%	11.0%	16.4%	44	93
16番	5-4-4-51/64	7.8%	14.1%	20.3%	129	67
大外	22-25-16-187/250	8.8%	18.8%	25.2%	84	59

表10●札幌【ダート】馬番別成績

馬番	着別度数	勝率	連対率	複勝率	単回値	複回値
1番	10-9-16-147/182	5.5%	10.4%	19.2%	21	69
2番	17-10-11-144/182	9.3%	14.8%	20.9%	109	66
3番	22-12-12-135/181	12.2%	18.8%	25.4%	134	83
4番	14-15-13-140/182	7.7%	15.9%	23.1%	146	82
5番	12-15-23-132/182	6.6%	14.8%	27.5%	60	91
6番	12-22-17-130/181	6.6%	18.8%	28.2%	42	76
7番	24-19-17-121/181	13.3%	23.8%	33.1%	130	90
8番	11-15-16-140/182	6.0%	14.3%	23.1%	100	100
9番	14-10-12-143/179	7.8%	13.4%	20.1%	60	51
10番	16-16-6-139/177	9.0%	18.1%	21.5%	65	45
11番	12-11-18-131/172	7.0%	13.4%	23.8%	46	72
12番	10-16-12-124/162	6.2%	16.0%	23.5%	116	72
13番	7-7-8-77/99	7.1%	14.1%	22.2%	27	72
14番	1-5-1-23/30	3.3%	20.0%	23.3%	9	65
大外	11-20-15-136/182	6.0%	17.0%	25.3%	92	89

●ダートで⑦番が1、2番人気に支持されたら……

ダートは17年から、フルゲートが1頭追加され14頭立てになった。その1年間のみの成績では【1―5―1―23】という状況。勝ち切れていないのが判明している。

ただし、1～3番人気馬は【1―4―0―1】で、2着付けの馬券は有効的だろう。

また、ダート戦では内目の①、②番の複勝率が高くない。一方で、表10にもある通り、⑦番は【24―19―17―121】と複勝率が33・1%を記録。単勝回収率130%という状況で、1着付けの馬券はベタ買いしても儲かるという計算だ。

さらに⑦番が1、2番人気に支持された際

は【14―10―5―14】（勝率32・6％、連対率55・8％、複勝率67・4％）、単勝回収率116％、複勝回収率104％としっかりと馬券圏内をキープしている。

（札幌出目表はP70～71）

バイアス研究……函館競馬場

●芝のメイン、最終Rの切り札は⑨番

函館競馬場の芝では、①番はなかなか勝てないものの、複勝率が30％を超えている。

注目は、単複回収率がともに100％を超える⑨番だろう。特に11、12Rでは⑨番を絡めた馬券にオイシイ傾向が目立つ。

11、12Rにおける芝での⑨番の成績は【7―8―4―32】（勝率13・7％、連対率29・4％、複勝率37・3％）、単勝回収率189％、複勝回収率132％を記録。ベタで買って儲かる数字だ。

2017年6月25日函館11R・UHB杯では1着が12番人気（単勝44・2倍）の⑨ウエスタンユーノー、2着が7番人気（13・0倍）①ラホーヤビーチ、3着2番人気（4・1倍）

表11●函館【芝】馬番別成績

馬番	着別度数	勝率	連対率	複勝率	単回値	複回値
1番	22-27-30-170/249	8.8%	19.7%	31.7%	61	105
2番	26-18-20-186/250	10.4%	17.6%	25.6%	66	81
3番	20-24-18-185/247	8.1%	17.8%	25.1%	79	70
4番	17-18-26-189/250	6.8%	14.0%	24.4%	30	79
5番	14-27-20-189/250	5.6%	16.4%	24.4%	31	69
6番	23-20-20-187/250	9.2%	17.2%	25.2%	76	72
7番	21-20-15-190/246	8.5%	16.7%	22.8%	64	78
8番	17-18-26-177/238	7.1%	14.7%	25.6%	85	84
9番	23-22-17-160/222	10.4%	20.3%	27.9%	159	103
10番	16-14-12-172/214	7.5%	14.0%	19.6%	63	58
11番	10-15-6-165/196	5.1%	12.8%	15.8%	26	45
12番	22-6-11-141/180	12.2%	15.6%	21.7%	127	82
13番	9-5-9-131/154	5.8%	9.1%	14.9%	35	46
14番	6-5-8-104/123	4.9%	8.9%	15.4%	53	56
15番	4-6-7-84/101	4.0%	9.9%	16.8%	29	53
16番	3-4-3-74/84	3.6%	8.3%	11.9%	67	79
大外	19-17-14-198/248	7.7%	14.5%	20.2%	54	68

表12●函館【ダート】馬番別成績

馬番	着別度数	勝率	連対率	複勝率	単回値	複回値
1番	5-14-17-145/181	2.8%	10.5%	19.9%	11	60
2番	25-14-13-130/182	13.7%	21.4%	28.6%	76	72
3番	12-10-11-147/180	6.7%	12.2%	18.3%	36	55
4番	14-21-19-127/181	7.7%	19.3%	29.8%	58	86
5番	15-8-15-143/181	8.3%	12.7%	21.0%	54	50
6番	15-13-15-138/181	8.3%	15.5%	23.8%	69	72
7番	15-19-18-129/181	8.3%	18.8%	28.7%	124	87
8番	19-14-10-138/181	10.5%	18.2%	23.8%	72	64
9番	17-16-13-130/176	9.7%	18.8%	26.1%	105	95
10番	10-13-18-129/170	5.9%	13.5%	24.1%	149	101
11番	14-21-10-116/161	8.7%	21.7%	28.0%	83	102
12番	11-12-16-102/141	7.8%	16.3%	27.7%	96	76
13番	11-5-6-53/75	14.7%	21.3%	29.3%	141	94
14番	0-1-1-12/14	0.0%	7.1%	14.3%	0	76
大外	20-18-18-126/182	11.0%	20.9%	30.8%	84	103

⑬ライトフェアリーで決着。

⑨番と2番人気⑬番の2頭軸なら3連複5万5130円、3連単42万6680円を的中できた可能性もあったろう。

●ダートで惨憺たる①番……狙いは1番人気時の②番

函館もダート戦は、17年からフルゲートが14頭になった。新設の⑭番は【0—1—1—12】と苦戦していた。ただし、1～3番人気に支持された例はないので、現状では完全に消しではなく割引材料としておく。

また、表12を見ればわかる通り、①番がなかなか勝ち切れない。①番の5勝は、新参の⑭番を除いて最低の勝利数。勝率の2・8%もダントツで低い。

①番は複勝率ベースで見ても、20%を割り込んでいる。ダート戦で①番に入った1番人気馬の成績は【2—1—6—4】という成績。なんとか3着に残しており、複勝率では69・2%とまずまずだが、連対ベースでは黄信号が灯っている。また、5番人気以下の人気薄では勝利ナシという状況だ。

一方で25勝を挙げている②番は、1番人気に推されれば【10—3—0—5】という状況で勝ち切りが目立っている。札幌競馬場と同様、たった1号ゲートしか違わないのに、大きな差となっているのだ。

（函館出目表はP72～73）

バイアス研究……福島競馬場

●芝は内枠、特に③番の連鎖爆発に期待

芝コースでは⑬番以降の馬番は、複勝率ベースでやや不振傾向を示している。小回りコースということもあり、外目の馬番に入るのは決してプラスではない。

一方で①～③番は勝ち切りが目立つ。③番は表13にもある通り、全馬番の中でトップとなる41勝をデータ期間内に挙げた。また、一度出現すると、同日に何度も馬券になるケースが見受けられる。

例えば2017年7月23日の福島開催を振り返ってみることにしよう。

1Rは芝1200m戦（2歳未勝利）。ここで5番人気（単勝12・7倍）③ソイルトゥザソウルが1着になると、2R（2歳未勝利、芝1800m）では1番人気（3・0倍）③トッカータも勝利。2レース続けて③番が勝利した。

表13●福島【芝】馬番別成績

馬番	着別度数	勝率	連対率	複勝率	単回値	複回値
1番	29-23-29-288/369	7.9%	14.1%	22.0%	94	79
2番	27-27-29-286/369	7.3%	14.6%	22.5%	55	74
3番	41-25-26-276/368	11.1%	17.9%	25.0%	124	77
4番	24-28-29-286/367	6.5%	14.2%	22.1%	57	71
5番	23-23-28-295/369	6.2%	12.5%	20.1%	55	64
6番	25-24-19-301/369	6.8%	13.3%	18.4%	77	83
7番	24-29-26-288/367	6.5%	14.4%	21.5%	77	79
8番	26-20-28-293/367	7.1%	12.5%	20.2%	82	70
9番	19-21-33-292/365	5.2%	11.0%	20.0%	58	74
10番	29-24-27-281/361	8.0%	14.7%	22.2%	83	88
11番	24-35-15-272/346	6.9%	17.1%	21.4%	66	75
12番	20-29-19-264/332	6.0%	14.8%	20.5%	68	75
13番	21-19-12-260/312	6.7%	12.8%	16.7%	69	50
14番	18-16-17-240/291	6.2%	11.7%	17.5%	74	74
15番	11-11-14-228/264	4.2%	8.3%	13.6%	82	59
16番	8-16-17-192/233	3.4%	10.3%	17.6%	28	60
大外	15-29-28-295/367	4.1%	12.0%	19.6%	34	66

表14●福島ダート馬番別成績

馬番	着別度数	勝率	連対率	複勝率	単回値	複回値
1番	22-12-18-235/287	7.7%	11.8%	18.1%	112	62
2番	15-13-20-240/288	5.2%	9.7%	16.7%	52	63
3番	14-14-14-246/288	4.9%	9.7%	14.6%	32	55
4番	16-24-24-224/288	5.6%	13.9%	22.2%	70	104
5番	22-18-22-226/288	7.6%	13.9%	21.5%	70	78
6番	28-25-19-214/286	9.8%	18.5%	25.2%	110	114
7番	17-18-15-237/287	5.9%	12.2%	17.4%	55	67
8番	19-19 12-237/287	6.6%	13.2%	17.4%	72	49
9番	19-22-20-227/288	6.6%	14.2%	21.2%	45	61
10番	19-15-22-229/285	6.7%	11.9%	19.6%	76	62
11番	14-23-28-217/282	5.0%	13.1%	23.0%	53	86
12番	25-26-19-211/281	8.9%	18.1%	24.9%	80	72
13番	20-22-18-213/273	7.3%	15.4%	22.0%	63	71
14番	19-15-17-208/259	7.3%	13.1%	19.7%	101	60
15番	13-19-12-201/245	5.3%	13.1%	18.0%	61	62
16番	6-4-7-71/88	6.8%	11.4%	19.3%	58	83
大外	17-20-18-233/288	5.9%	12.8%	19.1%	49	67

さらに5Rの2歳新馬戦（芝2000m）では1番人気（3・1倍）③ギルトエッジが3着。メインの11R福島テレビOPでは1番人気（2・2倍）③マイネルハニーが2着に入った。

1R以外は1番人気馬だったのは間違いないが、このように③番は一日に複数回馬券になることが珍しくない。

17年4月23日における福島芝コースの③番は6番人気（13・9倍）1着、5番人気（12・4倍）2着、5番人気（14・0倍）1着と、3レースで馬券になっている。しかも1～3番人気馬は含まれていなかったのだ。

●ダートなら1～3Rの⑥番

ダートでは⑥番が一番の狙い目で、⑪～⑬番がそれに続くという印象。

⑥番は、1～3Rでは【10―10―10―81】（勝率9・0％、連対率18・0％、複勝率27・0％）、単勝回収率76％、複勝回収率117％と、複軸なら信頼できる数字を残しているのだ。

中でも5番人気以内の⑥番なら【9―8―5―23】。複勝率で40％、単勝回収率も114％を記録している。

（福島出目表はP74～75）

バイアス研究……新潟競馬場

●芝では①番が最も弱い競馬場

直線1000mの最内枠である①番は圧倒的に不利という事情はあるものの、先に触れた通り、新潟芝コースではやはり①番が不利な馬番だ。

①番の複勝率14・9%は、全競馬場の芝コースでは最低の値となる。直線1000m以外にも不振傾向で、「内枠＝距離ロスなく有利」という図式はそこにはまったくない。

ただ、①番に1番人気馬が入った際は、複勝率65・4%を残しており、まずまずの成績。ところが、2番人気馬は【3―3―1―14】、3番人気馬は【0―1―1―18】と、勝率などの数字を記載しなくてもわかるくらいの不振傾向にある。1番人気以外の上位人気馬が①番に入ったら、波乱の可能性を考えたい。

直線1000mは確かに外枠優勢とされる。しかし、その成績も含まれる大外馬番は表15にもある通り、複勝率20・7%とそれなりの値になってはいるが、突出しているほどではない。

直線1000m戦でこそ【8―9―4―55】（勝率10・5%、連対率22・4%、複勝率27・6%）という成績を残すが、これを除くと、大外馬番は複勝率19・4%まで低下。ただ、基本的に

表15●新潟【芝】馬番別成績

馬番	着別度数	勝率	連対率	複勝率	単回値	複回値
1番	21-17-31-394/463	4.5%	8.2%	14.9%	60	53
2番	27-28-28-382/465	5.8%	11.8%	17.8%	43	70
3番	33-25-30-377/465	7.1%	12.5%	18.9%	66	51
4番	35-37-25-367/464	7.5%	15.5%	20.9%	84	71
5番	29-25-27-383/464	6.3%	11.6%	17.5%	58	68
6番	25-34-28-377/464	5.4%	12.7%	18.8%	69	60
7番	22-23-32-385/462	4.8%	9.7%	16.7%	77	65
8番	37-36-25-365/463	8.0%	15.8%	21.2%	79	77
9番	35-25-31-369/460	7.6%	13.0%	19.8%	83	88
10番	31-37-30-357/455	6.8%	14.9%	21.5%	62	72
11番	31-33-24-343/431	7.2%	14.8%	20.4%	53	61
12番	24-34-38-319/415	5.8%	14.0%	23.1%	71	91
13番	25-24-25-314/388	6.4%	12.6%	19.1%	54	89
14番	26-20-32-280/358	7.3%	12.8%	21.8%	118	88
15番	25-25-22-260/332	7.5%	15.1%	21.7%	105	85
16番	18-20-21-234/293	6.1%	13.0%	20.1%	70	65
17番	11-14-9-148/182	6.0%	13.7%	18.7%	41	58
18番	11-7-10-121/149	7.4%	12.1%	18.8%	84	59
大外	31-30-35-367/463	6.7%	13.2%	20.7%	65	62

表16●新潟【ダート】馬番別成績

馬番	着別度数	勝率	連対率	複勝率	単回値	複回値
1番	32-19-29-289/369	8.7%	13.8%	21.7%	96	72
2番	20-27-18-306/371	5.4%	12.7%	17.5%	56	58
3番	21-26-26-297/370	5.7%	12.7%	19.7%	61	109
4番	16-20-32-304/372	4.3%	9.7%	18.3%	42	61
5番	31-16-32-293/372	8.3%	12.6%	21.2%	95	72
6番	28-28-24-291/371	7.5%	15.1%	21.6%	73	68
7番	27-30-27-286/370	7.3%	15.4%	22.7%	92	75
8番	25-33-30-284/372	6.7%	15.6%	23.7%	80	66
9番	26-32-20-294/372	7.0%	15.6%	21.0%	56	73
10番	34-31-30-270/365	9.3%	17.8%	26.0%	65	73
11番	21-23-23-288/355	5.9%	12.4%	18.9%	31	62
12番	22-24-25-272/343	6.4%	13.4%	20.7%	48	69
13番	25-18-26-255/324	7.7%	13.3%	21.3%	103	67
14番	26-31-16-231/304	8.6%	18.8%	24.0%	81	77
15番	18-15-14-235/282	6.4%	11.7%	16.7%	48	51
大外	27-21-25-299/372	7.3%	12.9%	19.6%	61	55

は二ケタ馬番が優勢で、**芝では⑩、⑫、⑭、⑮番**あたりを軸にしたい。

●ダートなら1番人気の⑩番が堅軸候補

ダートでは中目の⑧番、⑩番あたりの複勝率が高くなっている。①番も表16を見ればわかる通り、勝率が高い。

特に⑩番に1番人気馬が入ると強い。【14―3―3―6】（勝率53・8％、連対率65・4％、複勝率76・9％）という具合で、単勝回収率131％、複勝回収率100％を記録。後入れ偶数枠かつ外目で被せられにくいという特徴が、この好成績に結びついているのは間違いないだろう。人気馬が⑩番に入ったら迷わず軸に据えたい。

（新潟出目表はP76〜77）

バイアス研究…中京競馬場

●芝で落ち目の外枠、上昇する④番

2012年3月に改装された直後の芝コースは外差しが決まっていたイメージも、近3年で見ると、外目の馬番は目立つ成績を残しておらず、複勝率トップ3は③、⑤、④番と内目に集中している。

フルゲート18頭立ての場合も似た傾向を示し、⑯番の複勝率は18・2％とまずまずも、⑰番は11・8％、⑱番は13・6％と低い値となっている。

その際、好成績を残すのが④番。【17―12―16―124】（勝率10・1％、連対率17・2％、複勝率26・6％）という具合だ。

15年中日新聞杯では、6番人気（単勝13・3倍）④マイネルミラノが3着、16年愛知杯では8番人気（21・9倍）④バウンスシャッセが1着、17年CBC賞では8番人気（15・9倍）④アクティブミノルが3着に

表17●中京【芝】馬番別成績

馬番	着別度数	勝率	連対率	複勝率	単回値	複回値
1番	31-26-33-331/421	7.4%	13.5%	21.4%	116	76
2番	27-27-22-345/421	6.4%	12.8%	18.1%	41	49
3番	31-43-28-318/420	7.4%	17.6%	24.3%	47	72
4番	33-30-34-322/419	7.9%	15.0%	23.2%	65	75
5番	28-36-35-321/420	6.7%	15.2%	23.6%	57	90
6番	30-26-28-335/419	7.2%	13.4%	20.0%	113	76
7番	35-28-29-327/419	8.4%	15.0%	22.0%	101	83
8番	29-24-33-331/417	7.0%	12.7%	20.6%	81	62
9番	25-30-32-326/413	6.1%	13.3%	21.1%	58	69
10番	23-32-25-319/399	5.8%	13.8%	20.1%	82	83
11番	31-15-22-307/375	8.3%	12.3%	18.1%	81	71
12番	17-27-24-290/358	4.7%	12.3%	19.0%	93	95
13番	21-14-17-278/330	6.4%	10.6%	15.8%	63	61
14番	22-14-13-258/307	7.2%	11.7%	16.0%	83	100
15番	8-17-16-243/284	2.8%	8.8%	14.4%	12	57
16番	19-16-14-207/256	7.4%	13.7%	19.1%	98	59
17番	5-9-8-165/187	2.7%	7.5%	11.8%	15	50
18番	6-7-10-146/169	3.6%	7.7%	13.6%	57	74
大外	28-21-31-339/419	6.7%	11.7%	19.1%	66	74

入っている。**フルゲートの重賞戦では4番に入った馬にまずは注目したい。**

●ダートは1～3Rの②番、メイン&最終Rの④番

ダートでは①～④番が複勝率で20％を超えている。⑧番の成績も良好だが、基本的には内目の一ケタ馬番が中心ということでよさそうだ。

中でも②番は1～3Rの下級条件で頻出。【15－16－19－153】（勝率7・4％、連対率15・4％、複勝率24・6％）、単勝回収率144％、複勝回収率104％とベタ買いしても儲かるほど。

特に**1、2番人気馬が②番に入れば**

表18●中京【ダート】馬番別成績

馬番	着別度数	勝率	連対率	複勝率	単回値	複回値
1番	38-38-33-372/481	7.9%	15.8%	22.7%	97	78
2番	32-42-43-364/481	6.7%	15.4%	24.3%	91	93
3番	34-36-36-376/482	7.1%	14.5%	22.0%	70	96
4番	41-30-38-370/479	8.6%	14.8%	22.8%	114	91
5番	24-24-25-408/481	5.0%	10.0%	15.2%	69	54
6番	34-34-27-387/482	7.1%	14.1%	19.7%	53	60
7番	32-32-30-388/482	6.6%	13.3%	19.5%	63	59
8番	40-37-36-369/482	8.3%	16.0%	23.4%	101	79
9番	33-35-19-396/483	6.8%	14.1%	18.0%	64	69
10番	25-30-35-388/478	5.2%	11.5%	18.8%	132	82
11番	21-32-25-390/468	4.5%	11.3%	16.7%	69	81
12番	34-22-26-379/461	7.4%	12.1%	17.8%	95	62
13番	24-29-34-350/437	5.5%	12.1%	19.9%	73	74
14番	27-22-31-334/414	6.5%	11.8%	19.3%	63	69
15番	21-21-30-313/385	5.5%	10.9%	18.7%	161	120
16番	23-19-16-286/344	6.7%	12.2%	16.9%	47	50
大外	33-32-29-387/481	6.9%	13.5%	19.5%	51	54

【7—7—4—7】（勝率28・0％、連対率56・0％、複勝率72・0％）という高成績を残し、単勝回収率は79％だが、複勝回収率は100％とまずまず。

④番は11R、12Rで狙いたい。【10—5—6—40】（勝率16・4％、連対率24・6％、複勝率34・4％）、単勝回収率228％、複勝回収率172％と、人気の有無に関わらず激走するシーンが多いようだ。

（中京出目表はP78〜79）

バイアス研究……小倉競馬場

●芝の人気薄で激走する⑭、⑮番

芝コースは複勝率ベースで見れば、④、⑥、⑧、⑨番あたりが有力となるが、単勝回収率が100％を超えているのは⑦、⑭、⑮番。思い切って狙うなら⑭、⑮番を軸にする手はあるだろう。

2018年2月13日小倉12Rでは、1着に1番人気（単勝2・7倍）⑮フナウタ、2着2番人気（5・0倍）⑯スパイチャクラ、3着に18番人気（184・6倍）の⑭パッションチカが入り3連複2万8220円、3連単9万3740円の配当をつけた。

表19●小倉【芝】馬番別成績

馬番	着別度数	勝率	連対率	複勝率	単回値	複回値
1番	33-37-34-401/505	6.5%	13.9%	20.6%	47	68
2番	35-39-37-396/507	6.9%	14.6%	21.9%	48	81
3番	34-22-37-413/506	6.7%	11.1%	18.4%	71	65
4番	47-43-31-386/507	9.3%	17.8%	23.9%	66	69
5番	35-30-33-407/505	6.9%	12.9%	19.4%	71	63
6番	37-36-41-391/505	7.3%	14.5%	22.6%	66	82
7番	33-31-35-404/503	6.6%	12.7%	19.7%	116	74
8番	24-45-37-391/497	4.8%	13.9%	21.3%	35	80
9番	35-34-41-379/489	7.2%	14.1%	22.5%	74	77
10番	31-29-37-381/478	6.5%	12.6%	20.3%	72	69
11番	28-29-26-361/444	6.3%	12.8%	18.7%	64	56
12番	24-32-18-340/414	5.8%	13.5%	17.9%	63	78
13番	28-30-17-301/376	7.4%	15.4%	19.9%	81	83
14番	23-18-23-280/344	6.7%	11.9%	18.6%	133	86
15番	27-25-21-249/322	8.4%	16.1%	22.7%	105	88
16番	15-14-22-239/290	5.2%	10.0%	17.6%	62	71
17番	13-9-7-179/208	6.3%	10.6%	13.9%	84	73
18番	5-7-8-165/185	2.7%	6.5%	10.8%	18	36
大外	23-31-44-408/506	4.5%	10.7%	19.4%	53	84

1着の⑮フナウタは、1番人気馬が順当に走っただけともいえるが、最低人気の⑭パッションチカは戦歴を見ても買いづらい馬のはず。出目の後押しがあったと考えるべきだろう。

17年2月26日小倉4Rでは、14番人気（112・0倍）⑭ソービックが勝利。毎回、人気薄の馬が走るわけではないものの、⑭、⑮番に入った人気薄馬の激走には注意が必要となる。

●10R以降のダート戦は⑫番以降の二ケタ馬番で

ダートでは⑮番は不振も、⑫番以降の二ケタ馬番が狙い目といっていい。⑮番以外は複勝率も高いし、単複回収率のどちらかが90％後半か100％を超えている値を残している。

複勝率の低い⑮番ですら、単勝回収率は100％を超えており一発が怖い。特に10R以降のダート戦で⑫番以降の二ケタ馬番が3着以内に入るケースが目立つ。複数頭馬券になることもよくあるし、ドがつくほどの人気薄馬の激走も珍しくない。

仮に一ケタ馬番の馬が軸であっても、⑫番以降の二ケタ馬番は必ずヒモに入れておこう。中でも大外馬番の人気薄馬は

表20●小倉ダート馬番別成績

馬番	着別度数	勝率	連対率	複勝率	単回値	複回値
1番	17-20-23-224/284	6.0%	13.0%	21.1%	89	75
2番	15-22-20-228/285	5.3%	13.0%	20.0%	56	59
3番	19-11-26-227/283	6.7%	10.6%	19.8%	45	65
4番	16-19-19-231/285	5.6%	12.3%	18.9%	84	73
5番	13-15-21-237/286	4.5%	9.8%	17.1%	41	57
6番	15-26-24-221/286	5.2%	14.3%	22.7%	41	83
7番	18-16-18-231/283	6.4%	12.0%	18.4%	26	88
8番	25-26-17-214/282	8.9%	18.1%	24.1%	101	71
9番	27-17-15-223/282	9.6%	15.6%	20.9%	156	73
10番	25-17-17-223/282	8.9%	14.9%	20.9%	160	62
11番	16-16-15-236/283	5.7%	11.3%	16.6%	38	49
12番	21-22-16-217/276	7.6%	15.6%	21.4%	127	83
13番	24-20-19-208/271	8.9%	16.2%	23.2%	92	100
14番	14-18-24-200/256	5.5%	12.5%	21.9%	53	97
15番	9-9-4-141/163	5.5%	11.0%	13.5%	123	44
16番	12-13-7-108/140	8.6%	17.9%	22.9%	137	104
大外	23-27-16-219/285	8.1%	17.5%	23.2%	112	97

差し、追い込みタイプが入ると激変する可能性もある。

小倉ダートの後半戦は⑫番以降に注目だ。

（小倉出目表はＰ80〜81）

最強の出目表

東京芝	1R	2R	3R	4R
本命軸	⑤	⑪	⑤	⑫
相手候補	⑦②⑧	①⑦⑨	⑧⑨⑩	⑤①②
ヒモ候補	①③④⑬	⑭⑩⑫②	①③⑯★	④⑦⑩⑭

東京芝	5R	6R	7R	8R
本命軸	⑥	①	⑧	⑤
相手候補	①⑤⑦	②④⑧	⑦②⑩	④③⑨
ヒモ候補	⑩⑪⑫★	③⑫⑭⑤	⑪⑫④⑥	⑪⑫①★

東京芝	9R	10R	11R	12R
本命軸	①	③	①	②
相手候補	②④⑦	①④★	⑥⑩⑭	①④⑤
ヒモ候補	③⑤⑥⑫	⑤⑧⑪⑫	⑦②⑫★	⑥⑦⑨⑩

東京ダート	1R	2R	3R	4R
本命軸	⑥	⑫	⑩	⑯☆
穴候補	⑭⑯☆	⑩④⑮	⑫⑨⑭	⑨⑫④
ヒモ候補	⑧⑤⑦①	⑭⑧⑪②	⑬⑪⑨③	⑪①⑥⑤

東京ダート	5R	6R	7R	8R
本命軸	⑯☆⑮	⑩	⑦	⑫
穴候補	⑪①⑬	⑨⑧④	⑮⑯⑬	⑪⑧⑩
ヒモ候補	④⑦⑩⑧	★⑤⑥⑬	⑥⑪⑨⑤	③⑤⑮⑥

東京ダート	9R	10R	11R	12R
本命軸	②	⑩	⑭	⑫
穴候補	⑤⑦⑧	⑪⑭⑮	★⑫⑪	⑪⑩⑭
ヒモ候補	⑩⑫⑬④	⑤⑦⑥④	⑬④⑦⑥	⑨⑥⑦★

丸数字は馬番。★は大外馬番を示す（☆は左の解説参照）

東京競馬場

東京芝

軸	相手					
①	②	⑤	⑪	⑫	⑨	⑩
②	④	①	⑥	⑦	⑧	★
③	⑪	⑤	④	②	⑨	⑦
④	⑫	⑬	⑪	①	⑤	⑧
⑤	⑥	⑦	⑫	①	★	⑫
⑥	⑧	⑨	⑦	③	⑭	⑪
⑦	②	③	⑩	⑨	⑪	⑤
⑧	⑥	①	③	⑨	★	⑮
⑨	⑩	⑪	⑭	①	⑦	⑥
⑩	⑪	⑨	⑫	③	①	★
⑪	★	⑫	⑨	⑦	⑥	⑧
⑫	①	②	④	⑪	⑨	⑩
⑬	⑫	⑥	⑨	⑪	⑧	④
⑭	⑥	⑦	⑨	★	⑧	④
⑮	⑫	⑬	⑪	⑨	③	★
⑯	⑧	④	⑪	②	①	⑦
⑰	①	④	⑨	⑫	⑬	⑩
⑱	⑫	⑪	⑦	①	⑩	⑨

東京ダート

軸	相手					
①	⑤	⑥	⑦	⑭	⑪	⑫
②	④	⑦	⑩	★	⑫	⑬
③	⑤	⑩	⑪	⑭	★	⑫
④	⑧	③	⑨	⑩	⑬	⑪
⑤	⑪	⑥	④	⑯	★	⑭
⑥	⑬	④	⑫	⑨	⑩	⑪
⑦	⑨	⑫	③	⑪	★	⑭
⑧	⑯	⑫	⑭	⑤	⑪	⑦
⑨	⑫	③	④	⑪	⑩	⑧
⑩	③	⑨	⑫	⑪	⑭	★
⑪	⑫	⑬	⑨	④	⑥	⑧
⑫	⑪	⑩	⑨	④	⑭	⑯
⑬	⑮	⑨	③	⑫	★	⑦
⑭	⑪	⑮	⑥	②	⑦	⑫
⑮	⑫	⑩	⑧	①	⑨	⑭
⑯	⑩	⑥	⑨	⑫	⑤	⑭

●芝、ダートとも丸数字は馬番。データ対象期間は 2015 年 1 月 4 日～ 18 年 3 月 4 日。
●「★」は大外（例：10 頭立てなら⑩番、16 頭立てなら⑯番、18 頭立てなら⑱番）を指します。また⑭～⑱といった二ケタ馬番の右に☆が付いている場合は、その馬番が存在しないレースでは大外の馬番が該当するということです（例：⑯☆で、そのレースが 13 頭立てなら、大外⑬番が該当する）。
●右ページの【1 ～ 12 R の基本セオリー】は、本文でも触れている「レース番号ごとの各馬番成績」から、勝率・連対率・複勝率・単勝回収率・複勝回収率を勘案しピックアップしたものです。相手・ヒモは左から率の高い順に並んでいます。
●左ページの【軸馬リンク・データ】は、別視点からの出目表で、レース番号を問わず、「ひとつの馬番を軸に選んだ場合の連対率の高い相手馬番」をピックアップしています。
●いずれの出目表を用いるかは、読者の皆さまの判断にお任せします。なお、馬券はあくまで自己責任においての購入をお願いいたします。

■ 2018 年春以降の東京開催
2 回東京＝ 4 月 21 日～ 5 月 27 日／ 3 回東京＝ 6 月 2 日～ 24 日／ 4 回東京＝ 10 月 6 日～ 28 日／ 5 回東京＝ 11 月 3 日～ 25 日

最強の出目表

中山芝	1R	2R	3R	4R
本命軸	②	②	⑨	⑥
相手候補	①③⑤	⑥③⑧	⑥⑬★	⑧⑦①
ヒモ候補	⑦⑧⑩⑨	⑪⑨⑭④	⑭⑪③⑦	②③⑮★

中山芝	5R	6R	7R	8R
本命軸	③	⑥	⑧	⑦
相手候補	⑫⑭⑦	⑤④⑫	⑦⑤⑥	④②⑩
ヒモ候補	⑥⑧①⑤	⑧⑮⑩⑯	⑪⑬①④	⑨⑫⑥③

中山芝	9R	10R	11R	12R
本命軸	⑥	③	④	②
相手候補	⑧③②	⑧⑦②	②⑧⑨	⑥⑧⑪
ヒモ候補	①⑩⑨⑮☆	①⑪⑫★	⑪⑫①★	★⑫⑩⑨

中山ダート	1R	2R	3R	4R
本命軸	⑫	⑭	⑩	⑤
相手候補	⑭⑯☆⑧	⑤⑩⑫	⑪⑮⑯☆	⑦⑮⑯☆
ヒモ候補	⑩⑪③①	★⑦④⑮	⑦②①⑫	⑬⑭⑫⑩

中山ダート	5R	6R	7R	8R
本命軸	④	⑪	⑬	⑫
相手候補	⑪⑫⑬	⑩④①	⑧④③	⑨④⑮
ヒモ候補	⑧⑩⑥⑤	⑭⑧⑥③	⑦⑮⑯☆⑪	⑩⑪⑯⑬

中山ダート	9R	10R	11R	12R
本命軸	⑯☆	⑩	④	⑯☆
相手候補	⑧⑨①	⑪⑭⑮	⑭⑮⑯☆	⑮⑩⑭
ヒモ候補	④⑭⑩③	⑫⑨⑥⑤	⑫⑬⑧⑩	④⑫⑩⑥

丸数字は馬番。★は大外馬番を示す（☆は左の解説参照）

中山競馬場

▶【芝・ダート別】軸馬リンク・データ

中山芝

軸	相手
①	② ⑧ ⑩ ⑨ ⑦ ⑥
②	⑬ ⑪ ⑦ ④ ⑥ ⑧
③	⑤ ⑦ ④ ⑪ ⑬ ★
④	⑫ ⑭ ⑦ ⑧ ⑥ ⑯ ☆
⑤	⑥ ⑩ ⑨ ⑪ ⑬ ⑫
⑥	③ ⑦ ⑭ ⑫ ⑦ ⑥
⑦	⑧ ② ① ④ ⑤ ⑩
⑧	⑪ ⑨ ⑩ ⑫ ⑥ ④
⑨	③ ④ ⑩ ⑪ ⑫ ⑬
⑩	⑫ ⑨ ⑧ ① ② ④
⑪	④ ⑦ ⑫ ⑩ ⑧ ⑥
⑫	⑭ ⑯ ☆ ③ ⑦ ⑤ ⑪
⑬	② ⑨ ⑪ ⑩ ⑥ ⑤
⑭	⑧ ⑥ ④ ⑫ ⑪ ⑩
⑮	★ ⑫ ⑬ ⑭ ⑯ ⑨
⑯	① ④ ⑩ ⑪ ⑱ ☆ ③
⑰	② ⑪ ④ ⑮ ⑩ ⑪
⑱	② ⑥ ④ ⑦ ⑫ ⑪

中山ダート

軸	相手
①	⑫ ⑭ ⑮ ⑨ ⑦ ⑥
②	⑧ ⑩ ⑭ ⑫ ⑪ ⑬
③	⑨ ⑫ ⑩ ④ ⑧ ⑯☆
④	⑬ ⑥ ⑦ ⑧ ⑪ ⑭
⑤	① ⑦ ⑪ ⑯ ☆ ⑩ ⑫
⑥	⑧ ⑩ ⑪ ④ ① ⑫
⑦	③ ⑤ ⑨ ⑫ ⑬ ⑭
⑧	④ ⑩ ⑥ ⑦ ⑤ ⑫
⑨	⑪ ⑩ ⑧ ⑫ ⑯ ☆ ④
⑩	⑨ ⑫ ⑪ ⑮ ☆ ③
⑪	⑦ ⑬ ⑤ ④ ⑩ ⑨
⑫	⑭ ⑯ ☆ ⑧ ⑩ ⑪ ⑥
⑬	⑮ ⑪ ⑧ ⑫ ⑦ ⑭
⑭	⑫ ④ ⑩ ⑧ ⑪ ⑯ ☆
⑮	⑨ ⑯ ② ⑦ ⑩ ⑪
⑯	⑮ ⑬ ⑫ ⑭ ⑩ ③

●芝、ダートとも丸数字は馬番。データ対象期間は 2015 年 1 月 4 日～ 18 年 3 月 4 日。
●「★」は大外（例：10 頭立てなら⑩番、16 頭立てなら⑯番、18 頭立てなら⑱番）を指します。また⑭～⑱といったニケタ馬番の右に☆が付いている場合は、その馬番が存在しないレースでは大外の馬番が該当するということです（例：⑯☆で、そのレースが 13 頭立てなら、大外⑬番が該当する）。
●右ページの【1 ～ 12 R の基本セオリー】は、本文でも触れている「レース番号ごとの各馬番成績」から、勝率・連対率・複勝率・単勝回収率・複勝回収率を勘案しピックアップしたものです。相手・ヒモは左から率の高い順に並んでいます。
●左ページの【軸馬リンク・データ】は、別視点からの出目表で、レース番号を問わず、「ひとつの馬番を軸に選んだ場合の連対率の高い相手馬番」をピックアップしています。
●いずれの出目表を用いるかは、読者の皆さまの判断にお任せします。なお、馬券はあくまで自己責任においての購入をお願いいたします。

■ 2018 年春以降の中山開催
4 回中山＝ 9 月 8 日～ 30 日／ 5 回中山＝ 12 月 1 日～ 28 日

最強の出目表

京都芝	1R	2R	3R	4R
本命軸	①	⑥	③	⑤
相手候補	②⑧⑪	⑦④⑨	⑥①②	⑥①⑦
ヒモ候補	⑥⑤③④	⑧⑪⑫⑬	④⑧⑩⑫	④⑨⑧③

京都芝	5R	6R	7R	8R
本命軸	①	④	②	①
相手候補	⑦⑥⑮	③⑤①	④⑤⑧	⑥②⑤
ヒモ候補	⑫④⑧★	⑩⑫⑭★	⑥⑭⑯①	⑩⑨⑧⑫

京都芝	9R	10R	11R	12R
本命軸	②	②	④	⑦
相手候補	⑦⑩★	①⑧⑨	①⑭③	⑤⑥③
ヒモ候補	⑬④③⑤	⑦④⑮★	⑤⑥⑧⑩	⑩⑨⑪⑭

京都ダート	1R	2R	3R	4R
本命軸	④	⑤	⑥	⑩
相手候補	⑦⑥⑯☆	③②⑦	④③②	⑤①⑥
ヒモ候補	⑬②①⑭	⑪⑨⑫⑯	⑨⑫⑩⑪	⑫⑬⑮③

京都ダート	5R	6R	7R	8R
本命軸	⑦	④	⑪	①
相手候補	④⑤⑮	①⑧⑪	⑧⑦⑬	④⑥⑧
ヒモ候補	⑩⑫②⑨	⑦②⑨⑭	★⑫⑨②	⑨⑭②⑨

京都ダート	9R	10R	11R	12R
本命軸	③	⑧	④	④
相手候補	⑦⑨①	⑥⑩⑨	⑨⑤⑩	③①⑩
ヒモ候補	②⑬⑫⑩	⑫⑮②①	⑦⑪②①	⑬⑧②⑨

丸数字は馬番。★は大外馬番を示す（☆は左の解説参照）

京都競馬場

京都芝

軸	相手
①	④ ⑪ ⑧ ③ ⑤ ⑫
②	① ⑩ ④ ⑫ ★ ⑭
③	⑤ ⑥ ⑧ ⑩ ⑫ ⑦
④	② ⑧ ⑫ ⑪ ⑨ ⑬
⑤	⑫ ⑥ ⑬ ⑭ ② ①
⑥	⑩ ④ ⑧ ① ⑯ ⑫
⑦	⑤ ⑫ ⑩ ① ⑪ ⑭
⑧	③ ⑯ ☆ ⑨ ⑫ ⑪ ④
⑨	① ⑪ ⑥ ⑤ ⑬ ⑦
⑩	⑭ ① ④ ③ ⑫ ⑬
⑪	⑥ ⑦ ⑨ ② ⑮ ⑩
⑫	① ⑧ ⑨ ⑩ ⑭ ⑮
⑬	⑦ ⑥ ① ⑫ ⑤ ⑯
⑭	⑫ ① ⑩ ④ ⑦ ⑥
⑮	⑥ ③ ⑨ ⑫ ⑪ ④
⑯	⑧ ⑫ ⑨ ⑦ ① ⑪
⑰	④ ⑩ ⑤ ⑪ ③ ②
⑱	⑨ ⑫ ⑦ ① ④ ⑩

京都ダート

軸	相手
①	④ ⑨ ⑫ ⑥ ⑤ ⑪
②	③ ⑩ ⑦ ④ ⑫ ⑭
③	⑥ ⑤ ⑨ ⑪ ⑭ ⑫
④	⑦ ② ⑩ ⑪ ★ ③
⑤	⑫ ⑨ ⑥ ② ④ ①
⑥	④ ⑧ ⑭ ⑬ ② ⑩
⑦	⑤ ★ ⑪ ⑩ ⑥ ③
⑧	② ⑫ ⑩ ⑨ ⑯ ☆ ⑤
⑨	★ ⑩ ⑪ ④ ③ ①
⑩	① ⑦ ⑥ ⑤ ② ⑫
⑪	⑩ ⑧ ④ ① ⑤ ⑨
⑫	⑩ ③ ④ ⑤ ⑭ ⑮
⑬	② ⑪ ★ ⑬ ⑨ ⑦
⑭	③ ⑫ ⑧ ⑤ ⑪ ⑩
⑮	① ④ ⑪ ⑥ ⑦ ⑤
⑯	⑫ ⑩ ⑦ ③ ② ⑨

●芝、ダートとも丸数字は馬番。データ対象期間は 2015 年 1 月 4 日〜 18 年 3 月 4 日。
●「★」は大外（例：10 頭立てなら⑩番、16 頭立てなら⑯番、18 頭立てなら⑱番）を指します。また⑭〜⑱といった二ケタ馬番の右に☆が付いている場合は、その馬番が存在しないレースでは大外の馬番が該当するということです（例：⑯☆で、そのレースが 13 頭立てなら、大外⑬番が該当する）。
●右ページの【1 〜 12 R の基本セオリー】は、本文でも触れている「レース番号ごとの各馬番成績」から、勝率・連対率・複勝率・単勝回収率・複勝回収率を勘案しピックアップしたものです。相手・ヒモは左から率の高い順に並んでいます。
●左ページの【軸馬リンク・データ】は、別視点からの出目表で、レース番号を問わず、「ひとつの馬番を軸に選んだ場合の連対率の高い相手馬番」をピックアップしています。
●いずれの出目表を用いるかは、読者の皆さまの判断にお任せします。なお、馬券はあくまで自己責任においての購入をお願いいたします。
■ 2018 年春以降の京都開催
3 回京都＝ 4 月 21 日〜 5 月 27 日／ 4 回京都＝ 10 月 6 日〜 28 日／ 5 回京都＝ 11 月 3 日〜 25 日

最強の出目表

◀【芝・ダート別】1～12Rの基本セオリー

阪神芝	1R	2R	3R	4R
本命軸	④	③	⑧	⑪
相手候補	②⑧⑥	⑤⑧⑪	⑥⑦④	★⑮①
ヒモ候補	①③⑩⑪	②⑦⑥⑩	⑪⑫⑭⑮	②④②⑭

阪神芝	5R	6R	7R	8R
本命軸	④	②	⑤	①
相手候補	⑦①⑨	④⑦⑧	⑦⑫⑪	⑥②⑨
ヒモ候補	⑭③②★	⑥★⑫⑤	⑨③④⑩	★④⑮⑪

阪神芝	9R	10R	11R	12R
本命軸	④	⑤	②	④
相手候補	③①⑥	①④⑥	⑦⑥⑧	⑩⑪★
ヒモ候補	②⑪⑤⑧	⑦②⑧⑩	⑮⑫③①	⑧⑦②③

阪神ダート	1R	2R	3R	4R
本命軸	⑯☆	④	⑦	⑧
相手候補	⑧⑦⑥	⑧①⑨	⑭⑫⑥	⑩②⑨
ヒモ候補	③①⑪④	⑫⑬⑮⑯☆	④⑤③②	⑭⑪⑮⑯☆

阪神ダート	5R	6R	7R	8R
本命軸	⑩	②	⑧	⑧
相手候補	⑥⑦★	★⑫⑧	⑨⑤②	⑬④⑫
ヒモ候補	⑫②⑧⑪	⑬⑮⑪⑥	⑩⑥⑪⑯	⑤①⑨⑩

阪神ダート	9R	10R	11R	12R
本命軸	★	③	④	④
相手候補	②③⑤	⑤⑬⑧	⑨⑧⑭	⑧⑪⑯☆
ヒモ候補	⑬⑭⑩⑨	⑭⑥⑪⑬	⑬①②★	⑫⑦①⑥

丸数字は馬番。★は大外馬番を示す（☆は左の解説参照）

阪神競馬場

阪神芝

軸	相手
①	④ ⑧ ⑪ ⑫ ⑨ ⑩
②	④ ⑥ ⑧ ⑦ ⑬ ⑪
③	⑫ ⑥ ⑨ ④ ① ⑧
④	⑤ ① ⑪ ⑦ ⑨ ⑯ ☆
⑤	⑥ ⑩ ⑫ ⑧ ⑨ ⑬
⑥	⑪ ⑫ ③ ★ ⑦ ⑤
⑦	⑫ ④ ⑪ ⑨ ⑥ ⑭
⑧	⑥ ② ④ ⑪ ⑬ ⑫
⑨	⑩ ③ ⑦ ⑤ ⑪ ⑫
⑩	④ ⑭ ★ ⑫ ② ⑪
⑪	⑬ ⑩ ⑥ ⑧ ⑨ ④
⑫	⑭ ⑥ ★ ⑫ ⑦ ⑤
⑬	⑨ ③ ⑦ ⑪ ④ ⑤
⑭	⑤ ⑪ ⑫ ⑥ ⑫ ⑩
⑮	③ ② ⑰ ⑭ ⑥ ⑧
⑯	⑫ ⑩ ⑥ ⑧ ④ ⑪
⑰	① ⑪ ③ ⑨ ⑫ ⑯
⑱	⑫ ⑥ ⑭ ④ ⑤ ⑦

阪神ダート

軸	相手
①	⑦④⑩⑪⑫⑨
②	③⑤⑩⑫★⑪
③	④⑩⑦⑥⑫⑬
④	⑧⑥⑪⑫⑭⑯☆
⑤	⑬⑧⑨⑦⑫⑪
⑥	③②⑤⑪⑫★
⑦	⑨⑪⑩⑫③⑥
⑧	⑩⑫④⑥★⑭
⑨	①⑦⑤⑥⑩⑭
⑩	⑨①⑯☆③⑤⑫
⑪	⑬⑦⑥⑧④②
⑫	⑤⑨⑩⑪⑥③
⑬	②⑥⑭⑫⑩④
⑭	⑯⑧②①④⑫
⑮	⑬⑨⑫⑪①③
⑯	②⑫⑬⑩⑧④

●芝、ダートとも丸数字は馬番。データ対象期間は 2015 年 1 月 4 日～ 18 年 3 月 4 日。
●「★」は大外（例：10 頭立てなら⑩番、16 頭立てなら⑯番、18 頭立てなら⑱番）を指します。また⑭～⑱といった二ケタ馬番の右に☆が付いている場合は、その馬番が存在しないレースでは大外の馬番が該当するということです（例：⑯☆で、そのレースが 13 頭立てなら、大外⑬番が該当する）。
●右ページの【1 ～ 12 R の基本セオリー】は、本文でも触れている「レース番号ごとの各馬番成績」から、勝率・連対率・複勝率・単勝回収率・複勝回収率を勘案しピックアップしたものです。相手・ヒモは左から率の高い順に並んでいます。
●左ページの【軸馬リンク・データ】は、別視点からの出目表で、レース番号を問わず、「ひとつの馬番を軸に選んだ場合の連対率の高い相手馬番」をピックアップしています。
●いずれの出目表を用いるかは、読者の皆さまの判断にお任せします。なお、馬券はあくまで自己責任においての購入をお願いいたします。

■ 2018 年春以降の阪神開催
3 回阪神＝6 月 2 日～24 日／4 回阪神＝9 月 8 日～30 日／5 回阪神＝12 月 1 日～28 日

最強の出目表

札幌芝	1 R	2 R	3 R	4 R
本命軸	②	⑧	①	②
相手候補	③⑨⑩	⑦⑨⑥	⑥⑬★	⑪⑥⑧
ヒモ候補	⑥★①⑫	②①⑫★	②⑤⑫⑨	⑬⑮①⑨

札幌芝	5 R	6 R	7 R	8 R
本命軸	⑦	②	⑦	⑤
相手候補	①②④	⑨⑩⑥	③④②	⑦①④
ヒモ候補	⑪⑨⑫★	⑫①⑬⑭	①⑩⑪⑧	⑨⑧⑯⑥

札幌芝	9 R	10 R	11 R	12 R
本命軸	⑫	⑧	②	⑧
相手候補	②⑨③	④②⑪	⑥④⑪	③②⑨
ヒモ候補	★①⑧⑩	⑦⑩⑤⑥	⑫⑧⑬★	⑯☆①⑩⑥

札幌ダート	1 R	2 R	3 R	4 R
本命軸	③	⑤	⑦	⑥
相手候補	⑦①②	④⑨★	⑬★②	④①⑩
ヒモ候補	⑪⑫⑩④	⑦③①⑩	⑥⑧⑨⑩	⑪⑬★⑤

札幌ダート	5 R	6 R	7 R	8 R
本命軸	⑦	③	⑥	②
相手候補	⑤①⑩	⑧⑥⑩	⑤④⑨	⑧④★
ヒモ候補	③⑥⑨④	⑫⑪①④	⑪⑫⑧⑦	⑫⑥①⑪

札幌ダート	9 R	10 R	11 R	12 R
本命軸	③	⑦	④	⑧
相手候補	⑤⑥⑨	⑪⑫⑭☆	⑫⑤③	③⑪⑫
ヒモ候補	⑫⑬⑧⑦	③⑩⑥⑧	⑥⑧①⑨	②⑨⑩⑥

丸数字は馬番。★は大外馬番を示す（☆は左の解説参照）

札幌競馬場

▶【芝・ダート別】軸馬リンク・データ

札幌芝

軸	相手
①	② ⑬ ⑤ ④ ⑧ ⑦
②	⑥ ⑨ ③ ④ ⑩ ⑪
③	⑦ ⑧ ② ① ⑬ ⑫
④	⑨ ⑬ ★ ⑥ ⑧ ②
⑤	⑫ ⑭ ⑦ ③ ④ ②
⑥	⑫ ⑪ ⑦ ⑤ ② ⑭
⑦	⑨ ③ ② ⑧ ⑫ ⑮
⑧	① ④ ⑫ ⑥ ⑤ ⑫
⑨	⑪ ⑩ ⑧ ④ ② ⑯ ☆
⑩	⑦ ③ ⑪ ⑫ ★ ⑤
⑪	⑩ ⑥ ④ ② ⑪ ⑬
⑫	⑨ ⑦ ④ ⑩ ⑤ ①
⑬	⑤ ⑦ ① ★ ⑫ ④
⑭	⑬ ⑥ ⑫ ⑤ ② ③
⑮	⑦ ⑪ ⑨ ⑥ ⑩ ④
⑯	⑧ ④ ② ⑪ ③ ⑨

札幌ダート

軸	相手
①	④ ③ ⑫ ⑪ ⑩ ⑦
②	⑧ ④ ③ ② ⑪ ⑬
③	⑬ ⑥ ④ ⑤ ⑦ ⑪
④	⑫ ⑧ ★ ⑥ ⑨ ②
⑤	② ③ ⑪ ⑫ ⑩ ⑥
⑥	⑧ ① ⑬ ④ ★ ⑦
⑦	⑨ ⑩ ⑤ ② ① ⑧
⑧	⑩ ⑨ ④ ② ★ ③
⑨	⑤ ⑥ ⑩ ⑪ ⑦ ②
⑩	⑫ ① ★ ④ ③ ⑧
⑪	③ ⑤ ② ⑥ ⑬ ⑨
⑫	⑥ ⑧ ⑦ ③ ⑪ ⑨
⑬	① ⑩ ⑤ ④ ⑫ ⑥
⑭	⑫ ⑥ ⑨ ① ④ ⑫

●芝、ダートとも丸数字は馬番。データ対象期間は 2015 年 1 月 4 日〜 18 年 3 月 4 日。
●「★」は大外（例：10 頭立てなら⑩番、16 頭立てなら⑯番、18 頭立てなら⑱番）を指します。また⑭〜⑱といった二ケタ馬番の右に☆が付いている場合は、その馬番が存在しないレースでは大外の馬番が該当するということです（例：⑯☆で、そのレースが 13 頭立てなら、大外⑬番が該当する）。
●右ページの【1 〜 12 R の基本セオリー】は、本文でも触れている「レース番号ごとの各馬番成績」から、勝率・連対率・複勝率・単勝回収率・複勝回収率を勘案しピックアップしたものです。相手・ヒモは左から率の高い順に並んでいます。
●左ページの【軸馬リンク・データ】は、別視点からの出目表で、レース番号を問わず、「ひとつの馬番を軸に選んだ場合の連対率の高い相手馬番」をピックアップしています。
●いずれの出目表を用いるかは、読者の皆さまの判断にお任せします。なお、馬券はあくまで自己責任においての購入をお願いいたします。

■ 2018 年夏の札幌開催
1 回札幌＝7 月 28 日〜8 月 12 日／2 回札幌＝8 月 18 日〜9 月 2 日

最強の出目表

函館芝	1R	2R	3R	4R
本命軸	④	⑤	⑦	②
相手候補	⑥⑧②	④①⑯☆	⑧⑨②	①⑩⑫
ヒモ候補	⑭⑦⑨⑩	③②⑧⑦	⑤⑩①④	⑥⑤⑭⑯

函館芝	5R	6R	7R	8R
本命軸	⑥	⑤	①	①
相手候補	④②⑬	①⑥④	⑧⑩③	⑧⑥③
ヒモ候補	⑨⑧⑦⑩	⑨⑫⑧⑥	⑤⑬②④	⑮⑪⑫★

函館芝	9R	10R	11R	12R
本命軸	⑥	③	⑨	⑨
相手候補	⑩⑫⑬	⑤①④	①⑬⑦	⑫⑭②
ヒモ候補	★⑮④⑤	⑩⑥⑦②	⑧⑩⑫⑥	①⑧③⑦

函館ダート	1R	2R	3R	4R
本命軸	②	⑫	④	⑥
相手候補	⑧⑬⑦	⑦②⑬	⑧②③	⑦④⑪
ヒモ候補	③④⑫⑨	⑤⑥⑨①	★⑫⑩⑦	②★⑤③

函館ダート	5R	6R	7R	8R
本命軸	①	④	④	⑨
相手候補	④⑩⑤	⑥①②	⑦⑥⑧	⑤②⑥
ヒモ候補	⑦★⑨⑫	⑦⑪★⑫	⑩⑫⑨★	⑧⑬⑩⑦

函館ダート	9R	10R	11R	12R
本命軸	②	④	③	⑩
相手候補	⑧⑪⑦	⑥①⑤	⑪②⑨	①⑤⑪
ヒモ候補	⑩★⑨④	⑫⑬⑦⑨	④⑤⑥②	⑨⑥⑦④

丸数字は馬番。★は大外馬番を示す（☆は左の解説参照）

函館競馬場

函館芝

軸	相手
①	⑧ ⑨ ⑬ ⑯☆ ④ ⑤
②	⑩ ① ④ ⑨ ⑦ ⑫
③	⑤ ★ ⑫ ⑧ ⑥ ④
④	⑦ ⑪ ⑨ ② ⑩ ⑤
⑤	⑬ ⑪ ⑥ ④ ★ ⑫
⑥	② ⑧ ⑩ ⑪ ⑨ ⑯☆
⑦	③ ⑨ ⑩ ⑫ ⑬ ⑧
⑧	④ ① ⑬ ⑨ ⑩ ⑫
⑨	② ① ⑦ ⑫ ⑥ ⑬
⑩	⑪ ② ★ ⑤ ⑮ ⑦
⑪	⑧ ⑨ ③ ★ ⑥ ②
⑫	① ⑭ ⑤ ⑩ ⑦ ⑧
⑬	③ ★ ⑥ ⑩ ⑫ ④
⑭	⑫ ⑨ ⑪ ⑧ ③ ⑤
⑮	④ ⑪ ⑫ ⑦ ⑥ ①
⑯	① ⑦ ⑪ ⑭ ⑧ ②

函館ダート

軸	相手
①	④ ⑥ ② ⑪ ⑫ ⑨
②	⑧ ⑦ ⑪ ⑩ ⑥ ⑤
③	⑨ ④ ② ⑩ ⑦ ⑪
④	⑤ ⑪ ⑦ ★ ⑫ ③
⑤	② ⑬ ⑦ ⑥ ④ ①
⑥	★ ⑤ ④ ⑫ ⑪ ⑨
⑦	⑬ ② ⑨ ⑧ ⑩ ①
⑧	④ ⑤ ⑪ ⑩ ★ ⑫
⑨	⑬ ② ⑪ ⑦ ⑥ ③
⑩	① ④ ⑥ ⑫ ⑤ ⑧
⑪	⑨ ⑫ ★ ⑦ ④ ①
⑫	① ⑬ ④ ⑧ ⑪ ⑦
⑬	⑫ ⑤ ⑥ ③ ④ ⑦
⑭	⑩ ① ⑪ ⑥ ⑬ ⑦

●芝、ダートとも丸数字は馬番。データ対象期間は 2015 年 1 月 4 日～ 18 年 3 月 4 日。
●「★」は大外（例：10 頭立てなら⑩番、16 頭立てなら⑯番、18 頭立てなら⑱番）を指します。また⑭～⑱といった二ケタ馬番の右に☆が付いている場合は、その馬番が存在しないレースでは大外の馬番が該当するということです（例：⑯☆で、そのレースが 13 頭立てなら、大外⑬番が該当する）。
●右ページの【1 ～ 12 R の基本セオリー】は、本文でも触れている「レース番号ごとの各馬番成績」から、勝率・連対率・複勝率・単勝回収率・複勝回収率を勘案しピックアップしたものです。相手・ヒモは左から率の高い順に並んでいます。
●左ページの【軸馬リンク・データ】は、別視点からの出目表で、レース番号を問わず、「ひとつの馬番を軸に選んだ場合の連対率の高い相手馬番」をピックアップしています。
●いずれの出目表を用いるかは、読者の皆さまの判断にお任せします。なお、馬券はあくまで自己責任においての購入をお願いいたします。
■ 2018 年夏の函館開催
1 回函館＝6 月 16 日～7 月 1 日／2 回函館＝7 月 7 日～7 月 22 日

最強の出目表

福島芝	1R	2R	3R	4R
本命軸	②	⑤	⑩	⑬
相手候補	③⑨⑥	①③⑧	⑪⑧⑦	⑨⑫⑤
ヒモ候補	⑧⑪⑫④	⑩⑨⑦⑭	⑯☆②③④	②⑥⑧①

福島芝	5R	6R	7R	8R
本命軸	②	①	⑤	③
相手候補	⑩⑥⑦	⑦⑥④	③①⑫	⑦②④
ヒモ候補	⑧⑪⑫⑭	⑬★③②	⑪⑭⑮④	⑧⑩⑨⑪

福島芝	9R	10R	11R	12R
本命軸	⑫	①	③	⑨
相手候補	①③④	⑬⑩★	①⑫⑪	⑯☆③⑦
ヒモ候補	⑩⑪⑧⑦	②④③⑦	⑬⑧④⑨	⑥①⑫⑩

福島ダート	1R	2R	3R	4R
本命軸	⑥	⑥	⑥	①
相手候補	⑬⑭⑪	②④⑪	⑫⑨★	⑤②⑫
ヒモ候補	★②⑦⑤	⑮⑤⑨①	⑦④③①	⑮⑯☆④⑦

福島ダート	5R	6R	7R	8R
本命軸	⑪	⑥	④	①
相手候補	⑬⑩⑤	④③⑫	⑧②⑯☆	⑤⑥⑭
ヒモ候補	④③⑧⑨	②⑧⑤⑨	③②⑨⑫	⑬⑮⑧②

福島ダート	9R	10R	11R	12R
本命軸	⑥	④	⑫	⑪
相手候補	⑨②④	⑦⑥⑤	⑧⑭⑨	⑫⑬⑯☆
ヒモ候補	⑫⑮⑬①	⑩⑫⑪⑭	④⑤⑪⑩	⑦⑤⑨③

丸数字は馬番。★は大外馬番を示す（☆は左の解説参照）

福島競馬場

福島芝

軸	相手
①	③ ④ ② ⑪ ⑭ ★
②	③ ⑤ ④ ★ ⑩ ⑦
③	⑨ ⑥ ⑫ ① ⑬ ⑮
④	② ⑧ ⑫ ⑪ ① ⑦
⑤	⑨ ⑪ ⑬ ② ⑧ ⑥
⑥	⑦ ⑩ ⑬ ⑪ ④ ③
⑦	⑯ ☆ ⑤ ② ⑨ ① ③
⑧	⑩ ⑦ ⑤ ④ ⑬ ⑪
⑨	⑩ ⑫ ③ ⑥ ⑦ ⑤
⑩	① ② ⑨ ⑯ ☆ ④ ⑦
⑪	⑤ ★ ⑬ ⑭ ② ⑨
⑫	⑦ ⑨ ⑮ ③ ⑩ ④
⑬	⑩ ⑫ ⑦ ⑤ ① ⑮
⑭	④ ③ ⑫ ⑯ ☆ ⑨ ⑦
⑮	⑤ ⑩ ⑪ ③ ② ⑦
⑯	⑥ ① ⑧ ⑫ ④ ⑨

福島ダート

軸	相手
①	⑬ ⑭ ④ ⑧ ⑮ ⑫
②	⑦ ⑨ ⑯ ☆ ⑧ ③ ⑪
③	④ ⑧ ⑫ ⑪ ⑯ ☆ ⑨
④	⑩ ⑦ ⑤ ① ⑫ ⑬
⑤	⑥ ⑨ ③ ⑪ ⑭ ①
⑥	⑧ ⑫ ④ ⑦ ⑤ ⑩
⑦	⑭ ⑤ ⑧ ⑮ ⑥ ⑪
⑧	⑫ ② ⑬ ④ ⑩ ⑤
⑨	⑯ ☆ ⑫ ⑭ ③ ② ⑦
⑩	⑪ ★ ④ ⑦ ③ ②
⑪	① ⑬ ⑫ ⑮ ② ⑨
⑫	⑭ ⑯ ☆ ② ⑥ ⑦ ⑧
⑬	⑨ ③ ⑥ ⑩ ⑤ ①
⑭	② ⑤ ⑦ ⑩ ⑪ ⑦
⑮	④ ⑥ ⑪ ⑧ ⑦ ⑨
⑯	① ⑫ ③ ⑨ ⑭ ⑬

●芝、ダートとも丸数字は馬番。データ対象期間は 2015 年 1 月 4 日～ 18 年 3 月 4 日。
●「★」は大外（例：10 頭立てなら⑩番、16 頭立てなら⑯番、18 頭立てなら⑱番）を指します。また⑭～⑱といった二ケタ馬番の右に☆が付いている場合は、その馬番が存在しないレースでは大外の馬番が該当するということです（例：⑯☆で、そのレースが 13 頭立てなら、大外⑬番が該当する）。
●右ページの【1 ～ 12 R の基本セオリー】は、本文でも触れている「レース番号ごとの各馬番成績」から、勝率・連対率・複勝率・単勝回収率・複勝回収率を勘案しピックアップしたものです。相手・ヒモは左から率の高い順に並んでいます。
●左ページの【軸馬リンク・データ】は、別視点からの出目表で、レース番号を問わず、「ひとつの馬番を軸に選んだ場合の連対率の高い相手馬番」をピックアップしています。
●いずれの出目表を用いるかは、読者の皆さまの判断にお任せします。なお、馬券はあくまで自己責任においての購入をお願いいたします。
■ 2018 年春以降の福島開催
1 回福島＝4 月 7 日～4 月 22 日／2 回福島＝6 月 30 日～7 月 22 日／3 回福島＝ 11 月 3 日～ 18 日

最強の出目表

新潟芝	1R	2R	3R	4R
本命軸	⑪	⑫	②	⑫
相手候補	⑫③★	⑯⑮⑪	⑮⑰⑧	⑮⑪⑩
ヒモ候補	⑥⑦⑰⑧	⑧④②⑨	④⑨⑪⑭	★⑭⑯⑦

新潟芝	5R	6R	7R	8R
本命軸	⑪	⑤	⑨	⑩
相手候補	⑯④⑧	⑫⑬⑧	⑧⑦★	⑨⑫⑪
ヒモ候補	⑫⑬⑭⑩	④⑥⑨⑩	⑭⑰⑮⑥	⑭③⑧⑱

新潟芝	9R	10R	11R	12R
本命軸	⑮	④	⑯	⑬
相手候補	★⑫⑪	⑭⑯★	⑭⑰④	⑯⑰⑱☆
ヒモ候補	⑧⑥⑦⑭	⑧⑫③①	⑧⑩⑦⑪	⑩⑨⑤⑦

新潟ダート	1R	2R	3R	4R
本命軸	⑩	⑤	⑩	⑥
相手候補	⑥⑦⑤	⑨⑩⑮☆	⑫⑭③	⑪⑨⑩
ヒモ候補	⑭⑮☆⑨②	③⑦⑪⑫	①⑥⑧⑨	★①②⑦

新潟ダート	5R	6R	7R	8R
本命軸	⑪	⑧	⑧	⑥
相手候補	①⑤⑨	⑤⑩⑬	⑩⑭⑫	①⑪⑭
ヒモ候補	⑫⑭⑥★	③①⑦⑫	⑥⑤②⑨	⑩⑫⑦⑤

新潟ダート	9R	10R	11R	12R
本命軸	①	⑪	⑨	⑮☆
相手候補	⑩⑪⑫	⑬★④	①②⑤	⑩⑧⑪
ヒモ候補	⑭⑥⑦③	⑨⑦⑩⑭	⑩⑫⑬⑪	⑬⑭⑦⑥

丸数字は馬番。★は大外馬番を示す（☆は左の解説参照）

新潟競馬場

▶【芝・ダート別】軸馬リンク・データ

新潟芝

軸	相手
①	④ ⑪ ⑫ ⑨ ⑥ ⑦
②	⑤ ⑫ ⑭ ⑬ ⑪ ④
③	⑥ ★ ⑨ ⑫ ④ ⑧
④	⑦ ① ⑱ ☆ ⑯ ⑫ ⑨
⑤	⑬ ⑪ ⑩ ⑧ ⑭ ⑫
⑥	⑯ ⑧ ⑫ ⑪ ⑩ ⑭
⑦	⑨ ③ ② ⑱ ☆ ④ ⑪
⑧	⑤ ⑥ ⑫ ⑭ ⑯ ⑪
⑨	③ ⑫ ⑯ ⑬ ⑮ ⑭
⑩	★ ⑨ ⑬ ⑰ ⑤ ②
⑪	⑩ ⑬ ⑯ ⑫ ⑭ ①
⑫	⑱ ☆ ⑤ ⑦ ⑩ ⑭ ⑬
⑬	⑮ ⑰ ⑧ ⑨ ⑭ ⑪
⑭	④ ⑪ ⑦ ⑮ ⑱ ☆ ⑨
⑮	⑥ ⑫ ③ ⑦ ⑱ ☆ ⑭
⑯	⑰ ⑱ ☆ ⑪ ⑨ ⑩ ④
⑰	⑥ ⑱ ☆ ③ ⑫ ⑨ ⑤
⑱	⑬ ⑪ ⑩ ⑦ ⑭ ⑫

新潟ダート

軸	相手
①	④ ② ⑭ ⑫ ⑧ ⑩
②	③ ⑨ ⑫ ⑪ ⑩ ⑮ ☆
③	⑧ ⑩ ⑥ ⑭ ⑪ ⑦
④	⑥ ⑤ ⑫ ⑨ ⑪ ①
⑤	⑪ ⑮ ☆ ③ ⑧ ⑦ ⑭
⑥	⑫ ⑬ ④ ⑦ ⑨ ⑮ ☆
⑦	⑬ ② ⑪ ⑤ ⑫ ⑥
⑧	⑨ ③ ⑪ ⑫ ⑮ ☆ ⑦
⑨	⑥ ⑩ ④ ⑪ ⑦ ⑬
⑩	③ ⑫ ★ ⑭ ⑦ ⑤
⑪	⑤ ⑩ ② ⑨ ⑮ ☆ ⑥
⑫	⑪ ① ③ ⑦ ⑨ ⑩
⑬	⑩ ⑪ ① ④ ⑤ ⑥
⑭	① ⑫ ⑩ ⑧ ⑥ ④
⑮	④ ⑥ ⑧ ⑩ ⑨ ⑦

●芝、ダートとも丸数字は馬番。データ対象期間は 2015 年１月４日～ 18 年３月４日。
●「★」は大外（例：10 頭立てなら⑩番、16 頭立てなら⑯番、18 頭立てなら⑱番）を指します。また⑭～⑱といった二ケタ馬番の右に☆が付いている場合は、その馬番が存在しないレースでは大外の馬番が該当するということです（例：⑯☆で、そのレースが 13 頭立てなら、大外⑬番が該当する）。
●右ページの【1 ～ 12 Ｒの基本セオリー】は、本文でも触れている「レース番号ごとの各馬番成績」から、勝率・連対率・複勝率・単勝回収率・複勝回収率を勘案しピックアップしたものです。相手・ヒモは左から率の高い順に並んでいます。
●左ページの【軸馬リンク・データ】は、別視点からの出目表で、レース番号を問わず、「ひとつの馬番を軸に選んだ場合の連対率の高い相手馬番」をピックアップしています。
●いずれの出目表を用いるかは、読者の皆さまの判断にお任せします。なお、馬券はあくまで自己責任においての購入をお願いいたします。

■ 2018 年夏以降の新潟開催
２回新潟＝７月 28 日～９月２日／３回新潟＝ 10 月 13 日～ 28 日

最強の出目表

中京芝	1R	2R	3R	4R
本命軸	⑤	④	⑥	⑩
相手候補	③②①	③①⑥	④②⑧	⑪⑤⑥
ヒモ候補	⑨⑦⑪⑮	⑫⑪⑨⑩	③⑭⑮★	⑫⑯①④

中京芝	5R	6R	7R	8R
本命軸	①	①	③	④
相手候補	③⑨②	③⑦⑧	④⑧⑨	⑦⑨⑩
ヒモ候補	★⑧⑤⑥	④⑩⑨⑯	⑫②⑯⑪	⑪③⑭⑱

中京芝	9R	10R	11R	12R
本命軸	⑧	⑤	④	④
相手候補	②③⑪	⑥⑩②	⑦⑮⑬	⑪①⑯★
ヒモ候補	⑩⑭⑯⑦	①③⑧⑦	①③⑧⑥	⑦③②⑥

中京ダート	1R	2R	3R	4R
本命軸	②	②	②	⑤
相手候補	①⑧⑥	③⑧①	⑭⑮③	⑧①③
ヒモ候補	⑦⑭⑪⑩	⑬⑭⑨⑯	①⑥⑧⑦	⑫⑬⑭⑥

中京ダート	5R	6R	7R	8R
本命軸	⑥	⑨	⑧	⑩
相手候補	⑦⑨⑧	⑧④①	⑦⑨⑮	②①⑬
ヒモ候補	①⑪⑫★	★⑫⑩⑥	⑬②③⑥	★④⑦③

中京ダート	9R	10R	11R	12R
本命軸	⑦	⑤	④	④
相手候補	③⑩⑬	②③④	⑥⑫⑮	★⑫⑬
ヒモ候補	⑧④①⑪	⑩⑨⑮⑧	⑧⑤⑦②	⑭⑧⑩⑥

丸数字は馬番。★は大外馬番を示す（☆は左の解説参照）

中京競馬場

中京芝

軸	相手
①	⑨ ④ ⑥ ⑧ ⑫ ⑭
②	⑩ ⑫ ④ ★ ③ ⑨
③	⑨ ⑩ ⑫ ④ ⑤ ⑦
④	⑦ ⑯ ⑫ ⑥ ⑪ ⑬
⑤	⑥ ★ ⑧ ⑩ ⑫ ③
⑥	⑨ ⑫ ⑩ ④ ① ⑦
⑦	⑭ ② ⑨ ⑤ ★ ⑱
⑧	② ⑪ ⑬ ⑩ ⑦ ⑨
⑨	⑥ ⑭ ⑫ ⑤ ③ ①
⑩	② ⑨ ① ④ ⑯ ⑫
⑪	⑦ ⑤ ⑩ ⑧ ★ ⑬
⑫	⑥ ④ ⑬ ⑱ ☆ ⑯ ⑪
⑬	⑨ ★ ③ ② ⑪ ⑮
⑭	⑦ ⑥ ① ④ ⑤ ⑨
⑮	④ ③ ⑫ ⑬ ⑩ ⑥
⑯	⑦ ④ ⑭ ⑧ ① ⑨
⑰	⑫ ⑮ ④ ⑥ ③ ②
⑱	⑪ ⑫ ⑭ ⑨ ④ ①

中京ダート

軸	相手
①	⑧ ⑥ ② ⑦ ⑭ ★
②	⑫ ⑬ ⑧ ① ⑤ ⑥
③	① ⑧ ⑩ ⑨ ⑫ ⑬
④	⑧ ⑥ ① ⑯ ☆ ② ⑬
⑤	⑦ ⑩ ⑨ ① ⑪ ⑮
⑥	③ ⑫ ⑩ ⑧ ⑦ ⑭
⑦	⑭ ⑥ ③ ⑩ ② ①
⑧	⑨ ⑩ ⑪ ③ ② ⑮
⑨	① ④ ⑪ ⑦ ⑤ ⑬
⑩	④ ⑪ ⑭ ⑥ ② ⑧
⑪	① ⑤ ⑫ ⑨ ⑦ ⑥
⑫	③ ⑨ ④ ⑩ ⑪ ⑭
⑬	⑫ ④ ① ⑯ ☆ ⑤ ⑧
⑭	② ⑯ ☆ ⑦ ⑥ ④ ⑪
⑮	⑫ ⑨ ③ ② ⑧ ①
⑯	⑧ ⑥ ⑫ ① ④ ⑪

●芝、ダートとも丸数字は馬番。データ対象期間は 2015 年 1 月 4 日～ 18 年 3 月 4 日。
●「★」は大外（例：10 頭立てなら⑩番、16 頭立てなら⑯番、18 頭立てなら⑱番）を指します。また⑭～⑱といった二ケタ馬番の右に☆が付いている場合は、その馬番が存在しないレースでは大外の馬番が該当するということです（例：⑯☆で、そのレースが 13 頭立てなら、大外⑬番が該当する）。
●右ページの【1 ～ 12 R の基本セオリー】は、本文でも触れている「レース番号ごとの各馬番成績」から、勝率・連対率・複勝率・単勝回収率・複勝回収率を勘案しピックアップしたものです。相手・ヒモは左から率の高い順に並んでいます。
●左ページの【軸馬リンク・データ】は、別視点からの出目表で、レース番号を問わず、「ひとつの馬番を軸に選んだ場合の連対率の高い相手馬番」をピックアップしています。
●いずれの出目表を用いるかは、読者の皆さまの判断にお任せします。なお、馬券はあくまで自己責任においての購入をお願いいたします。
■ 2018 年夏以降の中京開催
3 回中京＝6 月 30 日～7 月 22 日／4 回中京＝ 12 月 1 日～ 16 日

最強の出目表

小倉芝	1R	2R	3R	4R
本命軸	⑪	⑦	⑫	⑧
相手候補	⑥⑭②	⑨⑮★	⑥⑤⑨	⑥⑬⑭
ヒモ候補	④⑧⑫★	④⑤⑧⑥	③⑧⑪⑭	⑦③⑤④

小倉芝	5R	6R	7R	8R
本命軸	⑩	⑧	⑮	⑪
相手候補	⑭⑯⑧	④⑥①	④②①	⑯①⑧
ヒモ候補	⑥⑤②★	②⑯⑦⑪	★⑥⑧⑬	④②⑩⑤

小倉芝	9R	10R	11R	12R
本命軸	⑬	⑬	⑪	⑭
相手候補	⑮①⑨	⑦⑨④	⑨⑰⑭	⑮⑤⑨
ヒモ候補	⑦⑥③⑩	①⑫⑭⑱	★⑬⑮②	⑩⑰★⑯

小倉ダート	1R	2R	3R	4R
本命軸	①	⑩	⑥	④
相手候補	⑧⑭⑥	②⑬①	⑨⑧⑫	③⑪⑫
ヒモ候補	⑦③②⑩	⑦⑨⑭⑮	⑪⑦①④	⑬⑮⑭⑧

小倉ダート	5R	6R	7R	8R
本命軸	⑨	⑧	⑫	⑯☆
相手候補	⑥①★	⑩⑪⑫	③④⑯☆	⑥④⑬
ヒモ候補	⑩⑫⑬⑦	★④⑭⑥	⑤⑪⑩⑨	⑫②⑨⑦

小倉ダート	9R	10R	11R	12R
本命軸	③	⑫	⑭	⑮
相手候補	⑭⑧⑨	⑧⑨⑯☆	⑫⑧⑯☆	⑧⑫⑪
ヒモ候補	⑥⑫⑦⑤	④⑦⑪⑤	⑦⑨⑤③	⑥⑨④②

丸数字は馬番。★は大外馬番を示す（☆は左の解説参照）

小倉競馬場

小倉芝

軸	相手
①	⑭ ⑧ ② ⑨ ⑩ ⑫
②	⑤ ③ ⑭ ⑯ ⑨ ⑬
③	⑥ ⑨ ② ⑪ ⑭ ⑫
④	③ ⑫ ⑩ ③ ⑱ ☆ ⑥
⑤	② ⑦ ⑫ ⑪ ⑬ ⑭
⑥	⑩ ⑪ ⑱ ☆ ⑤ ⑬ ⑰
⑦	⑫ ⑨ ⑪ ④ ② ⑭
⑧	⑪ ⑥ ⑮ ⑫ ⑭ ⑩
⑨	⑧ ⑫ ④ ① ⑱ ☆ ⑩
⑩	④ ⑨ ⑫ ⑬ ⑪ ⑮
⑪	⑭ ② ⑭ ★ ⑮ ⑬
⑫	⑮ ⑨ ⑥ ⑪ ④ ③
⑬	★ ⑮ ⑫ ⑩ ⑦ ⑥
⑭	⑫ ① ⑪ ⑩ ⑧ ⑥
⑮	⑦ ⑪ ⑫ ⑨ ③ ⑩
⑯	③ ⑫ ⑧ ④ ⑦ ⑥
⑰	⑨ ④ ③ ⑫ ⑬ ⑮
⑱	⑫ ⑭ ⑯ ⑤ ⑪ ⑦

小倉ダート

軸	相手
①	③ ⑮ ⑪ ⑭ ⑫ ⑥
②	① ⑦ ⑧ ⑬ ⑮ ⑯ ☆
③	⑨ ⑪ ⑦ ⑫ ★ ⑭
④	⑫ ⑪ ⑨ ⑭ ⑥ ⑮
⑤	⑬ ⑩ ③ ⑨ ⑫ ⑯ ☆
⑥	⑪ ⑦ ① ⑯ ☆ ⑧ ④
⑦	⑩ ④ ⑤ ⑪ ⑨ ③
⑧	⑦ ★ ⑫ ⑨ ⑩ ⑬
⑨	⑫ ⑤ ① ⑩ ⑪ ⑭
⑩	⑭ ⑨ ⑪ ⑩ ② ⑥
⑪	⑦ ⑫ ⑭ ⑯ ☆ ⑧ ③
⑫	③ ⑤ ⑫ ⑯ ☆ ⑭ ⑪
⑬	⑪ ③ ⑮ ⑩ ④ ⑦
⑭	⑬ ⑯ ☆ ⑨ ⑦ ⑧ ①
⑮	⑫ ③ ⑦ ⑥ ④ ⑪
⑯	⑨ ⑧ ⑬ ⑭ ⑪ ②

●芝、ダートとも丸数字は馬番。データ対象期間は2015年1月4日～18年3月4日。
●「★」は大外（例：10頭立てなら⑩番、16頭立てなら⑯番、18頭立てなら⑱番）を指します。また⑭～⑱といったニケタ馬番の右に☆が付いている場合は、その馬番が存在しないレースでは大外の馬番が該当するということです（例：⑯☆で、そのレースが13頭立てなら、大外⑬番が該当する）。
●右ページの【1～12Rの基本セオリー】は、本文でも触れている「レース番号ごとの各馬番成績」から、勝率・連対率・複勝率・単勝回収率・複勝回収率を勘案しピックアップしたものです。相手・ヒモは左から率の高い順に並んでいます。
●左ページの【軸馬リンク・データ】は、別視点からの出目表で、レース番号を問わず、「ひとつの馬番を軸に選んだ場合の連対率の高い相手馬番」をピックアップしています。
●いずれの出目表を用いるかは、読者の皆さまの判断にお任せします。なお、馬券はあくまで自己責任においての購入をお願いいたします。

■2018年夏以降の小倉開催
2回小倉＝7月28日～9月2日

実践から学ぶ「出目馬券」で儲けるコツ

出目馬券術のポイントは、戦歴を見てしまうと買いづらい馬がピックアップされるところにあるといっていい。先述したように、出目でしか獲れない馬券があるのも事実だ。各競馬場における競走番号と芝、ダートコースの別から割り出したP62〜81の出目表は、おそらく思わぬ当たりを運んでくれることだろう。

一方、出目馬券術は3連系の馬券ではうまくハマらないこともある。さすがに3頭すべてが、頻出する出目だけで決まることはなかなかない。

ここでは、先に紹介した競走番号別の基本セオリーと、軸馬（本命）を自分で選べば、相手候補となる馬番がわかる【軸馬リンク・データ】の使い方を検証していくことにする。的中した例もあれば、外れて地団駄を踏んだものもあるので、参考にしてほしい。

【ケース1】あまりにも無謀な馬が軸馬になっていた場合や、逆に人気馬が上位を占める場合

例えば、2018年3月18日阪神11R阪神大賞典（芝3000m）。阪神競馬場における

芝の11Rで軸となるのは②番とある（P68参照）。このレースで②番に入ったのはスーパーマックス。佐賀を代表するオープン馬で、過去にはJRAの芝レースにも参戦し、チャレンジC（GⅢ）で5着に入ったこともある。

しかし、阪神大賞典は経験したことのない3000m。頭数は11頭立てと少ないが、チャレンジCよりも強敵揃いだったのは間違いない。少なくとも軸にはしづらいというのが第一印象だ。単勝万馬券馬（9番人気）というのも軸にしづらい理由のひとつ。

相手候補として挙がっていた3頭は⑦レインボーライン、⑥サトノクロニクル、⑧クリンチャー。素直に軸馬の②スーパーマックスから購入してしまうと、馬券は外れとなる可能性が大だろう。

結果、この阪神大賞典は相手候補としていた3頭が、1〜3着を占めたのだ。配当は3連複760円、3連単6530円というように、出目に頼らなくても獲れる、常識の範囲の馬券だったのは間違いない。

しかし、阪神11Rで行なわれる芝レースで、⑦⑥⑧が上位候補というのを知っていれば、馬柱をよくチェックしなくても楽に獲れた馬券ではないだろうか。

このようなケースは珍しくないので、軸候補1頭だけではなく、相手候補3頭も含めて、中心となる馬を探し出すといい場合もあるようだ。

実際、軸候補を信じすぎて痛い目になった場合も少なくない。例えば、18年3月10日阪神11RポラリスS（ダート1400m。ダートの阪神11RはP68参照）。このレースの本命軸は2番人気（単勝4・3倍）④レッドゲルニカだった。

おそらく皆さんも、「出目で軸候補になっているし、鞍上がルメール騎手なら中心視して馬券を買ってもいい」と思うことだろう。確かに、点数を広げない場合、軸候補を中心にするのをオススメする。過去のデータや傾向を元に算出しており、的中馬券も多く生むことだろう。

しかし、少し余裕のある人はタテ目も一考してほしい。

ポラリスSで相手候補の3頭に挙がっていたのは、1番人気（2・7倍）⑨コウエイエンブレム、9番人気（33・4倍）⑧タガノエスプレッソ、4番人気（5・8倍）⑭サトノファンタシー。

このレースは14頭立てなので、⑭サトノファンタシーはヒモ候補に挙がっている大外馬番（★）にも該当する。この3頭がピックアップされると、どうしても⑨コウエイエンブレムに目が行ってしまうことだろう。

しかし、1、2番人気馬を軸にするのは、出目馬券術のメリットがない。このあたりは相手馬の人気帯にもよるところは大きいのは確かだが、4番人気⑭サトノファンタシーを軸にする手や、思い切って人気薄といっても単勝万馬券馬になっていない⑧タガノエスプレッソを中心視する手はあったはず。仮に⑭サトノか⑧タガノを軸にしていれば、次の馬券が当たっていた可能性もあったのだ。

1着⑭サトノファンタシー、2着⑧タガノエスプレッソ、3着がヒモ候補に挙げられていた6番人気（15・0倍）①ラテンロックで決着。馬連1万4680円、馬単2万2030円、3連複4万4340円、3連単28万4810円という高配当だった。

このレースでは先述した通り、ヒモ候補の大外馬番は、相手候補とも重なる⑭サトノファンタシーだった。つまり、ピックアップされるのは6頭。馬連ボックス（15点）、3連複ボックス（15点）でも獲れただろう。

うまく⑧タガノエスプレッソか、⑭サトノファンタシーを軸にしていれば、さらに少ない点数で馬券が獲れた計算である。

このあたりはあくまで応用編ということになるが、高配当的中に近づくための活用術のひとつだと思って読み進めてほしい。

【ケース2】馬連ベースなら、的中量産も……

軸にした馬番が連対すれば、馬連万馬券的中はわりと少なくない確率で起こる。

例えば、18年2月11日京都5R（芝1600m、P66参照）。デメ研スタッフが、このレースで軸にしたのは⑫エスケートーラス。京都5R芝戦で軸候補となっているのは①フロリダロス。しかし、土曜日から京都芝コースは外目の枠や馬が走っていたのだ。

芝の5R、外めの枠で相手やヒモ候補に入っているのは⑮メルジェリーナや★⑯ネリチャギ、⑫エスケートーラスの3頭。さすがに15番人気（単勝238・8倍）⑯ネリチャギは軸にできず、10番人気（60・5倍）⑫エスケーストラ

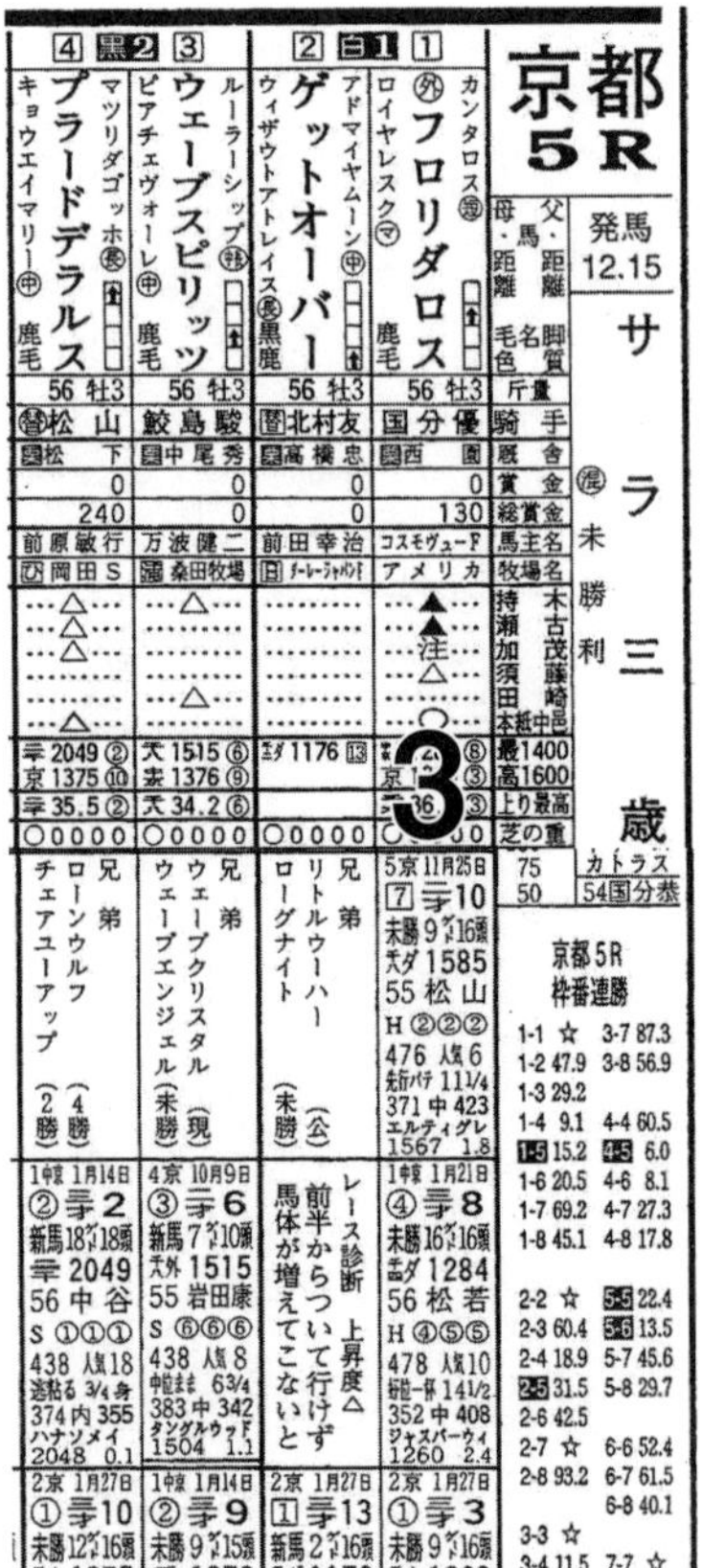

2018年２月11日京都５Ｒ（３歳未勝利、芝1600m）

16 桃8	15	14 橙7	13	12 緑6	11
ローズキングダム(中長) **ネリチャギ** ジョウノグレース㋮ 栗毛	ハービンジャー(中長) **メルジェリーナ** ルミナスハーバー㊥ 鹿毛	ディープインパクト(中長) **シャイニインパクト** ウイングドキャット㊥ 黒鹿	ブラックタイド㊥ **サワヤカタイド** サワヤカスズカ(短) 青鹿	ディープブリランテ㊥ **エスケートーラス** ペプチドモアー㋮ 鹿毛	ストリートクライ㊥ **インターセクション** ヴァインストリート㋮ 栗毛
54 牝3	54 牝3	54 牝3	56 牡3	56 牡3	56 牡3
(替)藤岡康	(替)バルジュー	川島	鮫島良	古川	松若
栗荒川	栗浅見	栗荒川	栗西橋	栗木原	栗大久保龍
0	0	0	0	0	0
0	0	0	0	0	130
Him Rock R	社台ＲＨ	藤澤眞佐子	永井啓式	菅藤宗一	シェイク・モハメド
船越牧場	社台Ｆ	高昭牧場	新井牧場	伊藤牧場	ダーレージャパンF
… … … … … …	◎ … △ … 注 △	… … △ … … …	… △ … … … …	… … … ◎ △ …	注 △ ▲ △ △ △
京ダ1303⓫ 京1375⑨	天1509⑧	天1497⑩	三1108⑧	**2** 天[illegible]⑥ 芋205[illegible]⑪	京1372⑩
天37.6⑨	天36.1⑧	天35.3⑨	三34.8⑧	天[illegible].2⑥	天35.4③
〇0000	〇0000	〇0000	〇0000	〇[illegible]0	〇0000
兄弟 ブラックトリガー(公) キタノダイオー(公)	兄弟 アットザシーサイド(現) ルミナスコースト(未勝)	兄弟 ウイングザムーン(6勝) ワンダープチュック(現)	兄弟 サワヤカラスカル(5勝) スズカジョンブル(3勝)	5阪 12月10日 ④手6 新馬7ト10頭 天外1509 55古川 S ⑧⑧⑦ 454 人気7 出遅る 4身 384中342 ラルムドール 1503 0.6	近親 ミエスク キングマンボ
1京 1月20日 ❻手11 牝馬新馬10ト16頭 盂ダ1303 54津村 H ⑮⑮⑮ 440 人気15 後方まま 16身 395内385 エイシンデルフ 1277 2.6	レース診断 上昇度○ 好位の後ろで構える形も直線で脚を使えず。	5京 11月26日 ⑧手9 新馬1ト15頭 天外1518 54吉田隼 S ⑮⑫⑭ 434 人気7 後方差詰 11 1/4 395中353 トライン 1501 1.7	4京 10月14日 ④手8 新馬5ト13頭 三内1108 55鮫島良 S ⑬⑩⑨ 438 人気9 後方差詰 5身 360中348 ロンロネオ 1100 0.8	1京 1月8日 ③手11 未勝7ト16頭 芋内2054 56古川 H ⑪⑧⑧ 454 人気10 中位一杯 大差 379外391 ジェシー 2023 3.1	5京 11月3日 ①手10 新馬7ト12頭 天内1372 55藤岡康 S ⑪⑪⑪ 480 人気11 出遅る 11身 375外358 トゥラヴェスー 1354 1.8
2京 1月27日 ①手9 未勝6ト16頭 六内1375 54古川 M ①①① 440 人気14 逃一杯 6 1/2 353内376 レインボーナン 1365 1.0	1京 1月21日 ⑦手8 新馬6ト16頭 天外1509 54田中健 M ⑧⑧⑧ 440 人気10 中位まま 8身 366中361 オールフォーラ 1495 1.4	5阪 12月10日 ④手10 牝馬未勝14ト16頭 天外1497 54川島 S ⑥⑤④ 438 人気11 好位一杯 6 3/4 368中355 ノーブルカリナ 1486 1.1	4ヵ月休 放牧 乗込み4週間 仕上り○ 理想体重 440キロ 3ヵ月以上休 ①②③外 0 0 0 1	1中京 1月21日 ④手8 未勝15ト15頭 天ダ1588 56古川 H ⑨⑥⑧ 450 人気❸ 外々回る 15 1/4 393外422 ツーエムアリエ 1562 2.6	2京 2月3日 ③手3 未勝2ト15頭 六内1376 56松若 S ④④⑤ 488 人気12 好位粘る 4身 368内354 ナリタハーデス 1369 0.7

10 黄5	9	8 青4	7	6 赤3	5
エイシンフラッシュ㊥ **クリノフラッシュ** ホーネットピアス㊥ 青鹿	メイショウボーラー㋮ **デンコウエルドラド** デンコウレジーナ(短) 栗毛	ロードカナロア㋮ **プライムチョイス** ファインチョイス(短) 鹿毛	ディープインパクト(中長) **ルナステラ** ピラミマ㋮ 鹿毛	ノヴェリスト(中長) **ロケットクイーン** ラテンファンク(短) 鹿毛	アッミラーレ㋮ **エンマダイオウ** ナゾ(短) 黒鹿
54 牝3	55 牡3	51 牝3	54 牝3	54 牝3	56 牡3
福永	☆城戸	(替)▲富田	(替)M.デムーロ	(替)酒井	幸
栗橋田	栗本田	栗加用	栗石坂	栗池添兼	栗佐々木晶
0	0	0	0	0	0
270	150	0	240	280	0
栗本博晴	田中康弘	宮川純造	(有)シルクR	市川義美ＨＤ	小田切有一
白井牧場	中脇一幸	富田牧場	ノーザンF	ノーザンF	中地康弘
△ ○ ◎ … ▲ 注	△ ◎ … 注 … ▲	… … … △ … …	○ 注 ○ ○ ○ ◎	△ … △ ▲ ◎ △	… △ … △ △ △
1 京[illegible]2⑤ 阪1[illegible]0⑥	ダ1263③	京1236⑬	京1376②	新1256❷ 京1382⑭	ダ1170⑧
天3[illegible]5⑥		盂35.4⑬	天34.3②	天37.1⑭	
〇0[illegible]00	〇0000	〇0000	〇0000	〇0100	〇0000
5京 11月26日 ⑧手10 未勝17ト18頭 天内1368 51富田 M ⑪⑩⑧ 424 人気10 中位一杯 4 1/4 367外362 スターリーステ 1361 0.7	兄弟 デンコウリキ(現) デンコウアリオン(未勝)	初仔 近親キャンディパローズ	兄弟 スワーヴリチャード(現) バンドワゴン(現)	3新 10月22日 ❹手2 牝馬新馬16ト18頭 盂内1256 53木幡巧 M ⑬⑤③ 468 人気4 漸進伸 1 1/4 357外372 ダイシンステル 1254 0.2	兄弟 オウノミチ(現) ニザエモン(4勝)
5阪 12月16日 ⑤手6 未勝3ト15頭 六外1360 53加藤 S ⑥⑥⑧ 428 人気11 内々回る 4 3/4 367内345 オメガラヴィサ 1353 0.7	レース診断 上昇度○ ダートの走りは良く大外枠からなら内容上々	4京 10月21日 ⑥手9 牝馬新馬12ト18頭 盂内1255 54藤岡佑 S ⑬⑩⑨ 436 人気6 中位まま 7 1/4 376中361 ナディア 1243 1.2	レース診断 上昇度◎ 出遅れ。大外を回ってゴール前は目立つ伸び	5京 11月5日 ②手14 牝馬未勝15ト15頭 六内1382 54松山 S ⑩⑨⑨ 456 人気8 中位一杯 大差 361外371 シグナライズ 1351 3.1	レース診断 上昇度○ 砂を被って行きっぷりが悪かった。次に期待
1京 1月20日 ⑥手2 牝馬未勝4ト16頭 六内1371 54福永 M ③③③ 422 人気5 好位伸 1 1/4 362内362 ミアグア 1369 0.2	1中京 1月27日 ⑤手3 新馬16ト16頭 盂ダ1263 55城戸 M ⑤⑤④ 478 人気❶ 好位伸 1 1/4 359外382 ダニエル 1261 0.2	5京 11月25日 ⑦手13 牝馬未勝1ト18頭 盂内1236 52森裕 S ⑨⑭⑬ 432 人気12 中位一杯 5 1/4 364内354 マリアパローズ 1228 0.8	1京 1月14日 ⑤手2 新馬14ト16頭 六内1376 54ルメール S ⑪⑪⑪ 436 人気❷ G前競い 1/2身 381外343 ニホンピロタイ 1375 0.1	3ヵ月余 放牧 乗込み3週間 仕上り○ 連対体重 468キロ 3ヵ月以上休 ①②③外 0 1 0 0	2京 1月27日 ①手8 新馬3ト16頭 三ダ1170 56幸 M ⑥⑦⑦ 500 人気❷ 中位一杯 14身 372内398 シヴァージ 1147 2.3

1着⑩クリノフラッシュ　（２番人気）
2着⑫エスケートーラス　（10番人気）
3着①フロリダロス　（４番人気）

単⑩ 550円　複⑩ 210円　⑫ 900円　① 270円
馬連⑩ー⑫ 10520円　馬単⑩→⑫ 17280円
3連複①⑩⑫ 20380円
3連単⑩→⑫→① 127060円

スと、8番人気（35・0倍）⑮メルジェリーナの2頭を軸候補としてピックアップした。

あとは【軸馬リンク・データ】に合わせるだけ（P67参照）。京都芝コースで⑫を軸とした際は、①フロリダロス、⑧プライムチョイス、⑨デンコウエルドラド、⑩クリノフラッシュ、⑭シャイニインパクト、⑮メルジェリーナが相手となる。

軸馬の⑫エスケートーラスが人気薄だけに、4番人気（8・3倍）①フロリダロスや、3番人気（7・7倍）⑨デンコウエルドラド、2番人気（5・5倍）⑩クリノフラッシュとの組み合わせでも高配当は望めそうである。1番人気（1・7倍）⑦ルナステラが入っていないのもポイントだろう。

レース結果は1着が⑩クリノフラッシュ、2着が軸にした⑫エスケートーラスで決着（3着は①フロリダロスで、結果的に当初の軸馬は馬券圏内には来たが）。馬連1万5520円。馬単なら1万7280円という配当になったのだ。

⑫エスケートーラスが10番人気と人気薄だったこともあり、相手が人気馬でも万馬券が獲れたが、軸さえ決まれば馬連ベースで高配当が的中するのは珍しくないという例である。

例えば、18年2月18日京都8R（ダート1400m）。このレースは1着が9番人気

（26・3倍）⑩ヒップオブスワン、2着6番人気（11・4倍）⑫カムカム、3着5番人気（8・2倍）⑭ラレータで決着している。

馬連1万3970円、馬単3万1690円、3連複2万4430円、3連単23万800円と大万馬券が飛び出したが……残念ながら、ダート戦における京都8R（P66参照）の出目表では外れとなるレースだった。

しかし、⑩ヒップオブスワンまたは⑫カムカムのどちらかを軸にしていれば、馬連か馬単程度なら的中できた公算が高い。⑩、⑫のどちらを軸にした場合でも、しっかりと相手馬番に含まれていたのだ（P67参照）。【軸馬リンク・データ】は、軸とした馬番が連対した際に、相手としてよく頻出している出目をピックアップしているため。

例えば、京都ダート戦において⑫番が1、2着した際は、⑩、⑭番あたりが相手になることが珍しくない。そういったデータを含めて、相手馬番が算出されているのだ。

また、出目というのは不思議なもので、引き寄せられやすい数字というのが存在している。例えば、④番が軸の際、⑧番が相手になるケースは凄く目立つ。

先に紹介した18年2月25日阪神12R（ダート1400m）の3連単45万馬券も、1着が④番、2着が⑧番というものだった。

18年1月13日中山10R初富士S（芝1800m）では、1着9番人気（42・8倍）⑧サトノスティング、2着5番人気（11・1倍）④ウイングチップ、3着8番人気（26・6倍）⑩カレンスピリットで決着した。

馬連1万5940円、馬単4万4800円、3連複5万10円、3連単55万8060円と10頭立てで大波乱となったレースだ。

3連複、3連単の的中は難しいかもしれないが、④ウイングチップを軸にしても、⑧サトノスティングを軸にしても、馬連、馬単レベルでは的中していた可能性が高い。どちらを軸にしても、相手はきっちりと含まれているのだ（P65参照）。

ちなみに、⑧サトノスティングを軸にしていれば、3着馬の⑩カレンスピリットも拾えていた可能性が高いだろう。

【ケース3】こんなこともある（涙）……11番人気の軸馬がハナ差4着で27万馬券逃す

馬場状態やコースの特徴（次章で検証）もあるのか、一ケタ馬番同士による決着、二ケタ馬番同士による決着が目立つ日があるのも事実だ。

例えば、18年3月17、18日中京ダート戦の決着出目を見てほしい。

●3月17日

・中京1Rダ1200m（15頭）1着①　2着⑩　3着⑮
・中京6Rダ1800m（12頭）1着③　2着⑤　3着⑩
・中京7Rダ1400m（16頭）1着⑪　2着⑩　3着⑧
・中京8Rダ1900m（14頭）1着⑩　2着⑭　3着⑦
・中京10Rダ1900m（16頭）1着⑮　2着⑬　3着⑤

太字の馬番は、7枠および8枠に入っていた馬たちだ。この結果を見て12R恵那特別（ダート1200m）の馬柱を見てほしい。

7枠は12番人気（65・2倍）⑬セクシーボーイ、6番人気（21・4倍）⑭メイショウテンセイ、8枠は14番人気（76・9倍）⑮バーサーカー、8番人気（22・5倍）⑯ミカエルシチーが該当。

どれも人気薄といっていい馬たちばかりだが、この4頭から選べといわれれば、⑭メイショウテンセイを軸にできた可能性はあるだろう。

仮に⑭を軸に取って【軸馬リンク・データ】を見ると、相手は②ベルクリア、⑯ミカエル

恵那特別（４歳上1000万下、ダート1200m）

中京 12 発馬 4.00 恵那特別 四才上1000万下・定量

枠・馬番	6 ⑪	5 ⑩	5 ⑨	4 ⑧	4 ⑦	3 ⑥	3 ⑤	2 ④	2 ③	1 ②	1 ①
父	メイショウボーラー(マ)	プリサイスエンド(マ)	マイネルセレクト(短)	ダイワメジャー(万)	ゴールドアリュール(中)	キンシャサノキセキ(マ)	スウィフトカレント(中)	メイショウボーラー(マ)	エンパイアメーカー(中)	ヴァーミリアン(中)	ロージズインメイ(中)
馬名	メイショウタラチネ	ダウトレス	セングウ	メジャーガラメキ	ショウナンカイドウ	キタサンガンバ	ビバラビダ	サンビショップ	(地)メイショウカロッタ	ベルクリア	(地)ブロンズテーラー
母	メイショウバトラー(中)	オナーリーブ(中)	ホクザンパール(短)	フローラルグリーン(マ)	タピルージュ(短)	ケイアイカミノアシ(短)	リバティスプライト(短)	トウヨウテースト(中)	ナイスレイズ(マ)	プレシャスライフ(マ)	キョウエイトルース(マ)
毛色	黒鹿	鹿毛	栗毛	栗毛	栗毛	鹿毛	鹿毛	栗毛	鹿毛	芦毛	青鹿
斤量・性齢	55 牝6	57 騸7	55 牝6	55 牝6	57 牡5	57 牡5	55 牝5	57 騸6	57 牡6	55 牝5	55 牝7
騎手	川田	(替)田辺	富田	(替)福永	藤懸	戸崎圭	菱田	川島	城戸	北村友	柴田未
厩舎	栗高橋忠	(美)田中博	栗武英	栗小崎	栗高野	(北)小笠	(北)石栗	栗谷	栗南井	栗吉田	栗飯田雄
本賞金	950	950	700	950	700	950	950	700	520	750	550
総賞金	4363	5495	3630	3459	2150	4240	4495	4140	1922	4230	4146
馬主	松本好雄	ノースヒルズ	重松國建	高野哲	国本哲秀	大野商事	桐谷茂	三嶋牧場	松本好雄	水上行雄	中西浩一
生産者	三木田明仁	ノースヒルズ	榊原敏明	ノーザンF	下河辺牧場	ヒダカファーム	久保昇	吉田又治	日の出牧場	笠松牧場	岡田S
小桧山辰弥	注			△		○	◎	△	△	△	
広田晶彦	▲			注	△	○	◎				△
目黒和外	○		△	△		注	▲	◎			
板子洋一	◎			注	△	○	▲			△	
打越達司	注			△		○	▲		△	△	
本紙中田	B注	東		B△	B	◎東	▲東	△	△	△	
芝1200・1400	阪1236⑯	京1083⑦ 1346①	小1092⑫	小1085⑦ 京1214③		中1091⑬ 東1222⑫	函1121③	小1[illegible]⑮ [illegible]⑬		[illegible]121[illegible]⑩	小1093⑩ 1293⑨
芝上り・ダート上り	37.5⑯ 35.4❻	33.9⑦ 35.0 7	34.9⑫ 36.0❷	35.0⑦ 36.0④	36.0⑪	33.9① 36.2①	35.5③ 35.9❽	[illegible] 35.[illegible] 3	36.3④	35.[illegible]⑩ [illegible]④	35.3 5 35.5 3
前走3	1京 1月8日 ③四才上3 1000万 10ト16頭 ダ1118 54小崎 M⑪⑩⑪ 470B 人12 中位伸 2身 354外364 ハニージェイド 1115 0.3	5東 11月19日 ⑥三才上5 1000万 4ト16頭 ダ1251 57江田照 S⑭⑬⑭ 508 人気9 出遅る 4 1/4 373外358 コパノリスボン 1244 0.7	5京 11月11日 ③三才上4 500万 5ト15頭 ダ1126 54岩崎 M⑫⑨⑧ 482 人気11 中位差詰 4 1/4 359内367 バンサーバロー 1120 0.6	4中京 12月2日 ①三才上11 牝500 3ト16頭 ダ1263 55小牧 H④⑤⑤ 494 人気10 好位一杯 6 1/4 354中389 ヴィーナスフロ 1252 1.1	3福 11月19日 ⑥三才上1 500万 9ト16頭 1084 57藤懸 M②①① 530B 人5 逃切る 3身 344内370 スズカモナミ 1089 0.5	4中 10月1日 ⑨三才上4 1000万 7ト16頭 ダ1116 57吉田隼 M⑦⑧⑦ 488 人気1 S後不利 4 3/4 352中364 アシャカダイキ 1108 0.8	4中京 12月2日 ①三才上2 500万 4ト15頭 ダ1127 55三浦 S⑦⑤⑤ 482 人気4 好位伸 ハナ 367中360 スリーランディ 1127 0.0	1京 1月21日 ⑦四才上4 1000万 16ト16頭 ダ1127 57川島 M⑪⑪⑪ 466 人気10 後方追上 4身 363中364 メイショウアリ 1120 0.7	4阪 9月17日 ❹ 16 1000万 2ト16頭 ダ1139 57城戸 S②⑤⑦ 490 人気12 好位一杯 16 3/4 356中383 オアシスクイー 1111 2.8	5阪 12月17日 ⑥ 16 1000万 15ト16頭 ダ1259 55和田 M⑥⑧⑦ 460 人気9 中位バテ 8 3/4 357中382 ラパニーユ 1245 1.4	5阪 12月23日 ⑦三才上16 1000万 12ト16頭 ダ1129 55松山 M⑦⑧⑧ 470 人気12 中位一杯 7身 357外372 チェイスダウン 1118 1.1
前走2	1京 1月21日 ⑦四才上9 1000万 15ト16頭 ダ1130 55川田 M⑤②③ 470B 人2 先行一杯 5 1/2 355中375 メイショウアリ 1120 1.0	1中 1月8日 ③四才上8 1000万 7ト16頭 ダ1126 57蛯名 H⑫⑪⑮ 514 人気11 4角不利 3 1/2 351内375 タガノ・ビック 1120 0.6	4中京 12月3日 ②三才上1 500万 8ト16頭 ダ1128 54岩崎 M⑦⑥⑥ 482 人気3 G前差す ハナ 359中369 タマモサザンク 1128 0.0	1中京 1月28日 ⑥四才上1 牝500 11ト15頭 ダ1130 54小崎 M⑫⑩⑨ 494B 人7 中位差切 1/2身 366外364 タンゴ 1131 0.1	4中京 12月3日 ②鳴海5 1000万 10ト16頭 ダ1118 57藤懸 M③③③ 534B 人12 先行一息 5身 348中370 コパノマイケル 1110 0.8	1中 1月21日 ⑦ 3 1000万 5ト15頭 ダ1113 57吉田隼 H⑦⑥④ 488 人気4 中位伸 2身 338中375 マナラスカイ 1109 0.4	4中京 12月16日 ⑤三才上1 牝500 7ト16頭 ダ1123 55吉原寛 M⑧⑤⑤ 488 人気1 中位抜出 2 1/2 355中368 ボクノナオミ 1127 0.4	2京 2月3日 ③四才上8 1000万 1ト14頭 ダ1135 57川島 M⑨⑩⑩ 468 人気5 中位まま 3 1/4 367中368 シンゼンスタチ 1129 0.6	5京 11月5日 ②三才上6 1000万 5ト16頭 ダ1122 56城戸 H①②② 502 人気15 先行一息 1 1/4 345中377 グラップユアコ 1120 0.2	1京 1月8日 ③四才上6 1000万 14ト16頭 ダ1120 55北村友 M⑬⑬⑫ 456 人気16 後方差詰 2 3/4 356内364 ハニージェイド 1115 0.5	1京 1月21日 ⑦四才上3 1000万 7ト16頭 ダ1126 55柴田未 M⑧⑧⑧ 470 人気14 中位伸 3 3/4 361中365 メイショウアリ 1120 0.6
前走	1阪 2月25日 ②四才上3 1000万 11ト16頭 ダ1249 55川田 M⑦⑥⑥ 474B 人7 好位伸 1 3/4 357中369 ワンダーサジェ 1246 0.3	2京 2月3日 ③四才上12 1000万 3ト14頭 ダ1138 57岡田祥 M⑭⑬⑬ 510 人気12 後方まま 5 1/4 375外363 シンゼンスタチ 1129 0.9	1中京 1月13日 ①伊賀12 1000万 1ト13頭 ダ1284 55岩崎 M⑧⑫⑬ 482 人気9 鼻出血 大差 356内404 ダンツゴウユウ 1241 4.3	2京 2月3日 ③四才上5 1000万 5ト14頭 ダ1132 54小崎 M⑪⑧⑧ 490B 人11 中位差詰 1 3/4 367外365 シンゼンスタチ 1129 0.3	1京 1月8日 ③四才上12 1000万 16ト16頭 ダ1126 56荻野極 M⑨⑨⑧ 546B 人9 中位一杯 6 1/4 352外374 ハニージェイド 1115 1.1	1東 2月18日 ⑧ 2 1000万 10ト15頭 ダ1258 57戸崎圭 M③③③ 496 人気1 好位伸 3/4身 362中373 ターゲリート 1257 0.1	1中京 1月28日 ⑥ 2 1000万 11ト15頭 ダ1122 55菱田 S⑥④④ 494 人気1 漸進伸 クビ 361外361 アデレードヒル 1122 0.0	1阪 2月25日 ②四才上6 1000万 13ト16頭 ダ1253 57川島 M⑫⑬⑬ 464 人気13 後方差詰 4 1/4 364内366 ワンダーサジェ 1246 0.7	4ヵ月余 放牧 乗込み2週間 仕上り○ 連対体重 492〜496 3ヵ月以上休 ①②③外 0 0 0 2	1中京 1月28日 ⑥ 4 1000万 9ト15頭 ダ1125 55北村友 S⑬⑪⑩ 460 人気9 後方追上 1 3/4 367中358 アデレードヒル 1122 0.3	2京 2月17日 ⑦四才上8 1000万 10ト15頭 ダ1133 55柴田未 M⑨⑨⑧ 470 人気9 外々回る 4身 362外371 アードラー 1126 0.7

1-5 ☆ 1-6 24.4 1-7 ☆ 1-8 ☆
2-2 ☆ 2-3 13.0 2-4 64.4 2-5 ☆ 2-6 23.0 2-7 ☆ 2-8 ☆
3-3 4.8 3-4 10.1 3-5 20.7 3-6 3.6 3-7 17.5 3-8 25.2
4-4 ☆ 4-5 ☆ 4-6 17.9 4-7 86.5 4-8 ☆
5-5 ☆ 5-6 36.6 5-7 ☆ 5-8 ☆
6-6 12.9 6-7 31.0 6-8 44.6
7-7 ☆ 7-8 ☆
8-8 ☆
軸馬 6
単穴 11
連 2 12 3

単⑭ 2140 円
複⑭ 600 円　⑯ 730 円　② 410 円
馬連⑭－⑯ 22000 円
馬単⑭→⑯ 44030 円
３連複②⑭⑯ 128230 円
３連単⑭→⑯→② 757410 円

2018年2回3日
中京
12 レース
TRIO
3連複
TRIO
フォーメーション
4 - 12 13 16 ☆ - 5 6 8 10 11 12 13 14 16 ☆
組合せ数21
各組 ☆☆☆100円
恵那特別
WINS後楽園
3月17日
合計 ★★★210枚 ★★★2,100円
3232002708150 2801390021483 10383896 321757

④番がハナ差届かず、
無念……。

シチー、⑦ショウナンカイドウ、⑥キタサンガンバ、④サンビショップ、⑪メイショウタラチネがピックアップされる（P79参照）。

　結果は1着に軸の⑭メイショウテンセイ、2着⑯ミカエルシチー、3着に5番人気（20・8倍）②ベルクリアが入り、馬連2万2000円、馬単4万4030円、3連複12万8230円、3連単75万7410円という超特大配当となった。

⑯ミカエルシチー、②ベルクリアの軸では馬連でも外れとなってしまうが、同日の傾向を読み取っていれば、何かしらの馬券が的中した可能性もあっただろう。

　しかし、P92の掲載馬券を見てほしい。本書を制作するにあたり、デメ研スタッフは多く

2018年３月17日中京12Ｒ

16	桃8 15	14	橙7 13	12 緑
エンパイアメーカー㊥ 鹿毛	サウスヴィグラス㊤ 栗毛	カルストンライトオ㊤ 鹿毛	スマートボーイ㊥ 鹿毛	ダイワメジャー㋦ 栗毛
ミカエルシチー	㊞バーサーカー	メイショウテンセイ	セクシーボーイ	スターカットダイヤ
テンシノキセキ㊤	フリーバード㋮	ブルーロバリー㊥	ミリョク㊥	ローズカットダイヤ㊤
57 牡6	57 牡6	57 牡4	57 牡7	57 牡4
替荻野極	武士沢	替森裕	替丸山	松若
栗橋口慎	㊗高市	栗西橋	㊗伊藤圭	栗平田
950	520	900	950	900
3559	1582	1380	4701	2530
友駿ＨＣ	香川憲次	松本好雄	ヒダカＢＵ	小林仁幸
浦 駿河牧場	日 広富牧場	安 橋本牧場	新ひ グランド牧場	千 社台Ｆ
……… ……… ……… ……… ……… ………	……… ……… ……… ……… ……… ……東	……… ……… ……… …△… …△… ………	……… …△… …△… ……… ……… Ｂ△東	…▲… …△… …△… …△… …◎… …○…
2 ⑨ ⑨ ②	芝ダ35.3 ❼	1 小 7⑨ 芝 3 1⑨ 芝ダ3 4⑦	千ダ34.5 ❺	芝ダ36.6 ①
4阪 9月17日 ❹ 12 1000万 9ト16頭 芝ダ1129 57 岩田康 S ⑪⑫⑮ 530 B 8 出遅る 11身 366 内 363 オアシスクイー 1111 1.8	5中 12月23日 ⑦ 14 1000万 12ト16頭 芝ダ1126 57 柴田善 H ⑬⑥⑦ 490 B 12 追上一杯 6身 348 中 378 スズカグラーテ 1116 1.0	4中京 12月9日 ③ 三才上 7 500万 1ト16頭 芝ダ1127 56 鮫島良 M ⑬⑮⑮ 512 人気11 後方直大 4 1/4 363 内 364 オールドベイリ 1120 0.7	3中 17年4月 ❹ 四才上 9 1000万 13ト16頭 芝ダ1118 57 田辺 M ⑫⑩⑪ 486 B 6 出遅る 3身 359 外 359 タイセイラナキ 1112 0.6	4阪 9月24日 ⑦ 三才上 8 1000万 15ト16頭 芝ダ1242 55 M.デムーロ M ⑦⑧⑩ 450 人気4 中位まま 4 1/4 350 中 370 ファッショニス 1234 0.8
5京 11月5日 ② 三才上 13 1000万 16ト16頭 芝ダ1127 56 荻野極 H ⑤④② 532 人気14 好位一杯 4身 348 中 379 グラップユアコ 1120 0.7	1中 1月13日 ④ 四才上 11 1000万 11ト16頭 芝ダ1122 57 武士沢 M ⑮⑮⑯ 502 人気14 出脚鈍い 6 1/4 362 外 360 ハットラブ 1112 1.0	1中京 1月21日 ④ 四才上 1 500万 16ト16頭 芝ダ1127 56 古川 M ①③③ 506 人気2 好位抜出 1 1/4 359 外 368 ワンダーパイフ 1129 0.2	2東 5月7日 ⑥ 斉 5 1000万 12ト16頭 芝ダ1187 57 柴田大 S ⑮⑭⑭ 486 B 11 後方追上 3 1/2 371 外 357 ブリサイスエー 1181 0.6	5阪 12月17日 ⑥ 賀 11 1000万 1ト16頭 芝ダ1253 56 松山 M ①①① 454 人気6 逃一杯 5身 349 内 382 ラバニーユ 1245 0.8
1中京 1月28日 6 8 1000万 5ト15頭 芝ダ1131 57 秋山 S ②④④ 540 人気8 好位一杯 5 1/4 361 内 370 アデレードヒル 1122 0.9	2中 2月25日 ② 四才上 11 1000万 4ト16頭 芝ダ1125 57 武士沢 M ⑯⑮⑮ 502 人気15 後方直大 5身 366 外 359 メイショウオル 1117 0.8	1阪 2月25日 ② 四才上 10 1000万 9ト16頭 芝ダ1255 57 鮫島良 M ⑩⑧⑧ 508 人気9 中位一杯 5 3/4 359 中 373 ワンダーサジェ 1246 0.9	2中 2月25日 ② 四才上 9 1000万 9ト16頭 芝ダ1124 57 田辺 M ⑭⑫⑫ 486 B 8 後方直大 4 1/2 362 外 362 メイショウオル 1117 0.7	2京 2月17日 7 四才上 4 1000万 9ト15頭 芝ダ1128 57 松若 M ③③③ 458 人気5 好位粘る 1身 352 中 376 アードラー 1126 0.2

1着⑭メイショウテンセイ
（6番人気）
2着⑯ミカエルシチー
（8番人気）
3着②ベルクリア
（5番人気）
4着④サンビショップ
（11番人気）ハナ差

の実戦を重ね検証&修正を行なっている。的中も外れも、出目に準じている結果なのだ。

また、この日は当日の流れを見る前に、中京12Rの馬券を購入する必要があった。ダート戦の中京12Rで軸候補として挙げられていたのは④サンビショップ（P78参照）。流れを見る時間もないため、基本に徹して④サンビショップを軸に3連複馬券を購入していたのだ。

ヒモは少し手広く取っているが、相手候補を含めて、中京12Rダート戦における頻出数字をピックアップ。軸の④サンビショップは11番人気（64・7倍）とまったく人気がない。なんとその④サンビショップは、3着に入った②ベルクリアとはハナ差の4着に敗れてしまったのだ。

嗚呼。もし、差していれば④⑭⑯の3連複は27万3890円というもの（涙）。3連単なら131万5080円という配当だったのだ。もちろん、3連単は購入していなかったが、3連複でも十分すぎる金額だった……。

それだけ、恐ろしいことが起きても不思議がないのが出目馬券術ということだろう。

ちなみに翌3月18日の中京ダート戦の結果も記しておくことにしよう。

●3月18日

・中京1Rダ1800m（14頭）　1着⑦　2着⑨　3着**⑫**
・中京2Rダ1400m（16頭）　1着⑦　2着⑥　3着**⑬**
・中京3Rダ1900m（13頭）　1着⑨　2着**⑪**　3着②
・中京5Rダ1400m（16頭）　1着⑤　2着②　3着①
・中京7Rダ1200m（16頭）　1着⑩　2着⑪　3着⑧
・中京8Rダ1800m（12頭）　1着②　2着**⑩**　3着⑧
・中京10Rダ1400m（14頭）　1着**⑭**　2着⑪　3着**⑬**

翌日も基本的には7、8枠の馬（太字）は馬券になったが、この日は一転して、一ケタ馬番や中目の馬番による活躍が目立っている。それでも中京10Rのように7、8枠馬の2頭が馬券になったレースもあったが、当日の流れを見ながら、軸とする馬番を決めるという手も立派な出目馬券術のひとつだろう。

特に馬場が悪い際は、出目の流れを読む戦略は有効だ。

【ケース4】芝の道悪は出目が偏りやすい

道悪競馬になると、馬券の売り上げが下がると一般的にいわれている。しかし、芝コースは出目が偏りやすく、馬券をしとめるには好条件ともいえるのだ。

18年2月3、4日の東京開催は、最終的に芝は良馬場になったが、4日10Rまでは稍重で行なわれていた。まずは3日、4日の芝コースの結果を見てほしい。

●3日

・東京5R芝1400m（18頭）　1着⑫　2着⑭　3着⑮

・東京6R芝1800m（16頭）　1着①　2着⑬　3着⑪

・東京9R芝1400m（15頭）　1着③　2着⑫　3着⑨

・東京10R芝2400m（16頭）　1着④　2着⑥　3着⑫

2018年２月４日東京12Ｒ（４歳上1000万下、芝1400m）

馬番	16	15	14	13	12	11
枠	桃8	桃8	橙7	橙7	緑6	緑6
父	ハービンジャー	クロフネ	ダイワメジャー	ウォーエンブレム(中)	ヴァーミリアン(中)	キンシャサノキセキ(マ)
馬名	ナンヨーアミーコ	コーラルプリンセス	イリスファルコン	㊞ウォークロニクル	シャンデリアハウス	フクノクオリア
母	ピクシーダスト(マ)	ホーリーブラウン	ナナヨーティアラ	クロノロジスト(マ)	カーリーエンジェル(マ)	ハロースピード(中)
毛色	栗毛	芦毛	鹿毛	青鹿	黒鹿	黒鹿
斤量・性齢	57 牡5	55 牝4	55 牝4	55 牝6	55 牝6	57 騸4
騎手	柴田善	内田博	替丸山	替北村宏	替浜中	横山和
厩舎	(北)宗像	(南)高橋裕	(北)南田	(北)鹿戸雄	(栗)牧浦	(北)杉浦
賞金	950	900	900	510	950	900
総賞金	4780	1805	1574	2056	4527	2160
馬主	中村徳也	吉田勝己	菅原広隆	キャロットF	サンデーR	福島祐子
生産者	社台F	ノーザンF	小島牧場	ノーザンF	ノーザンF	山際牧場
印1	…	…	…	…	△	…
印2	…	△	…	…	…	…
印3	△	…	…	…	△	…
印4	△	…	…	△	…	…
印5	…	◎	…	△	…	…
印6	△	△	…	…	△ 西	B
持ち時計	**3** 福[illegible]② 東[illegible]③ 新1[illegible]④	東1210⑥ 中1346⑪ 新1476⑪	札1086① 阪1232③	福1094④ 中京1212② 新1345⑧ 新1476⑭	**1** 中京1[illegible]② 中京1[illegible]4② 京1[illegible]3⑤ 小1[illegible]2②	中1094⑬ 東1231⑮ 東1373⑬ 中京1286⑨
近走1	2新 8月27日 ⑩ [illegible] 5 1000万 12ゲ17頭 天外 1350 57 柴田善 S ⑪⑩⑩ 432 人気3 中位伸も 3 1/2 384 中 323 メイショウオワ 1345 0.5	5東 11月11日 ③ [illegible] 6 1000万 6ゲ15頭 孟 1210 54 柴山雄 S ⑪⑪⑩ 528 人気10 中位差詰 4 1/4 355 中 340 モズアスコット 1204 0.6	2札 9月2日 ⑤ 札幌スポ 11 1000万 8ゲ16頭 壬 1106 53 蛯名 M ③⑤⑤ 420 人気8 好位一杯 8 3/4 347 中 359 アットザシーサ 1091 1.5	4東 10月29日 9 三才上 500万 5ゲ14頭 孟 除外 55 M.デムーロ 466 左前肢打撲傷の為 フラガリア 1274	4京 10月8日 2 三才上 10 牝1000 9ゲ16頭 孟ダ 1253 55 藤岡康 M ⑨⑧⑨ 452 人気8 中位一杯 7身 359 外 375 スマートレイチ 1241 1.2	5東 11月5日 ② 三才上 15 1000万 4ゲ16頭 孟ダ 1266 56 松岡 S ⑭⑬⑭ 508 B 人気13 後方まま 12 1/2 374 中 370 ヤマトワイルド 1245 2.1
近走2	4東 10月28日 ⑧ [illegible] 6 1000万 11ゲ14頭 孟 1229 56 柴田善 S ⑫⑫⑪ 438 人気3 後方差詰 3身 373 外 336 ティソーナ 1224 0.5	5中 12月2日 ① 三才上 11 1000万 6ゲ15頭 天外 1346 54 柴山雄 S ⑩⑪⑪ 528 人気9 出遅る 7 1/4 368 中 347 ドーヴァー 1334 1.2	5京 11月5日 ② [illegible] 16 1000万 7ゲ18頭 壬内 1096 54 荻野極 M ⑨⑨⑩ 420 人気15 中位一杯 5身 349 内 347 ベルディーヴァ 1087 0.9	3福 11月4日 ② 三才上 1 牝500 1ゲ16頭 壬 1098 55 北村宏 M ⑮⑮⑯ 470 人気1 直線一気 1/2身 355 中 343 ユトリチャン 1099 0.1	4中京 12月3日 ② [illegible] 10 牝1000 15ゲ18頭 孟 1217 55 荻野極 S ③③③ 450 人気14 先行一杯 1 1/2 350 中 346 サブルマインド 1215 0.2	5東 11月18日 ⑤ 三才上 15 1000万 14ゲ16頭 孟 1231 56 松岡 S ⑭⑭⑬ 508 B 人気15 出脚鈍い 12 1/2 367 中 352 ハウメア 1211 2.0
近走3	5東 11月18日 ⑤ 三才上 8 1000万 11ゲ16頭 孟 1220 57 柴田善 S ⑮⑮⑮ 434 人気4 外々回る 5 3/4 369 外 339 ハウメア 1211 0.9	1中 1月6日 ① 四才上 5 1000万 8ゲ15頭 天外 1348 54 内田博 S ⑭⑩⑩ 538 人気11 後方追上 1 1/2 368 内 350 ゴールドサーベ 1346 0.2	4中京 12月16日 ⑤ 中京日経 11 1000万 9ゲ18頭 壬 1089 54 原田和 S ⑧⑧⑨ 418 人気18 中位まま 3身 349 内 340 サダムリスペク 1084 0.5	4中京 12月3日 ② [illegible] 7 牝1000 4ゲ18頭 孟 1217 55 戸崎圭 S ⑫⑫⑪ 466 人気7 中位差詰 1身 358 中 340 サブルマインド 1215 0.2	1中京 1月14日 ② [illegible] 2 1000万 17ゲ18頭 孟 1214 55 荻野極 M ⑫⑫⑬ 460 人気12 中位伸 クビ 353 外 345 ココファンタジ 1214 0.0	1中 1月14日 ⑤ 四才上 15 1000万 7ゲ16頭 天ダ 1568 56 横山和 S ⑮⑯⑯ 512 人気15 後方まま 大差 406 外 391 ソレイユドパリ 1537 3.1

馬番	10	9	8	7	6	5
枠	黄5	黄5	青4	青4	赤3	赤3
父	ダイワメジャー	ステイゴールド	ジャングルポケット	マイネルラヴ	ルーラーシップ	ディープインパクト
馬名	ウィンドライジズ	ペルソナリテ	ショウナンアンセム	㊞レインボーラヴラヴ	バルベーラ	アルミレーナ
母	タッソーニー	マイネアルデュール	ヴォラドーレス	レインボーマグナム(マ)	ジュリエットソング(マ)	ナイトマジック
毛色	鹿毛	鹿毛	芦毛	青鹿	青鹿	芦毛
斤量・性齢	57 牡4	55 牝5	57 牡5	55 牝7	55 牝4	55 牝4
騎手	替石橋脩	柴田大	吉田隼	替三浦	替池添	替柴山雄
厩舎	(南)牧	(南)相沢	(南)田中剛	(南)武市	(栗)渡辺	(北)国枝
賞金	900	600	950	955	900	900
総賞金	3940	6229	6380	6192	1745	1920
馬主	平田修	ラフィアン	(有)湘南	飯田総一郎	カナヤマHD	サンデーR
生産者	川島牧場	ビッグレッドF	森永牧場	千葉飯田牧場	酒井牧場	ノーザンF
印1	○	◎	注	…	…	△
印2	◎	△	○	…	…	▲
印3	◎	△	○	…	…	△
印4	○	注	◎	…	…	△
印5	△	△	△	…	▲	○
印6	○	▲	◎	…	西	注
持ち時計	函1099② 新1208③ 新1350④ 中1493⑩	**2** 東[illegible]20[illegible] 東1[illegible]⑮ 中[illegible]5⑮	中1101① 東1211④ 中1336② 東1535⑫	福1089⑪ 東1209② 東1334① 新1466⑧	中京1225⑮ 東1337⑨ 阪1468⑨	東1222① 東1351⑧
近走1	2新 8月27日 ⑩ [illegible] 4 1000万 6ゲ17頭 天外 1350 54 北村宏 S ④④④ 458 人気6 不利有 3 1/4 378 内 327 メイショウオワ 1345 0.5	4東 10月28日 ⑧ [illegible] 2 1000万 4ゲ14頭 孟 1224 55 柴田大 S ④④⑤ 440 人気4 好位伸 クビ 365 中 337 ティソーナ 1224 0.0	2新 8月27日 ⑩ [illegible] 13 1000万 15ゲ17頭 天外 1356 57 岩田康 S ⑭⑩⑩ 478 人気1 流れ不利 7 3/4 384 外 329 メイショウオワ 1345 1.1	4東 10月22日 7 三才上 12 1000万 5ゲ12頭 天 1450 54 荻野極 M ①①① 462 人気8 逃一杯 大差 367 中 430 キャプテンペリ 1408 4.2	4京 10月14日 ④ [illegible] 7 1000万 6ゲ9頭 天外 1346 53 国分優 S ⑨⑨⑧ 422 人気6 出脚鈍い 5身 378 外 336 レオナルド 1338 0.8	2東 5月14日 8 [illegible] 1 500万 14ゲ14頭 孟 1222 54 戸崎圭 S ⑪⑩⑩ 426 人気4 後方一気 1身 359 外 343 ドウディ 1224 0.2
近走2	4東 10月15日 ⑤ 神奈川新聞 3 1000万 15ゲ18頭 孟 1226 55 北村宏 S ⑥⑥⑥ 466 人気2 中位伸 1/2身 365 中 343 ペイシャフェリ 1225 0.1	5東 11月11日 ③ [illegible] 4 1000万 9ゲ15頭 孟 1209 55 柴田大 S ⑨④⑥ 434 人気6 中位差詰 3 1/2 351 外 343 モズアスコット 1204 0.5	4東 10月15日 ⑤ 神奈川新聞 15 1000万 3ゲ18頭 孟 1234 57 内田博 S ⑪⑪⑩ 480 人気1 中位一杯 5 3/4 369 中 348 ペイシャフェリ 1225 0.9	5東 11月25日 ⑦ 三才上 4 牝1000 5ゲ15頭 孟 1224 55 三浦 S ①④④ 462 人気13 好位一息 1身 370 中 336 アッラサルーテ 1223 0.1	5東 11月5日 ② 三才上 9 1000万 11ゲ13頭 天 1337 54 池添 S ⑨⑨⑨ 422 人気8 中位まま 1 3/4 367 中 341 アルジャンテ 1334 0.3	4東 10月8日 ② [illegible] 8 1000万 9ゲ12頭 天 1351 53 戸崎圭 S ⑨⑨⑪ 440 人気4 S後遅く 2 1/4 378 中 324 ボーダーオブラ 1347 0.4
近走3	5東 11月11日 ③ [illegible] 5 1000万 1ゲ15頭 孟 1210 56 北村宏 S ⑥⑧⑥ 466 人気5 中位差詰 4身 353 中 343 モズアスコット 1204 0.6	5東 11月25日 ⑦ 三才上 5 牝1000 8ゲ15頭 孟 1225 55 柴田大 S ⑪⑩⑧ 432 人気4 後方追上 1 3/4 376 中 330 アッラサルーテ 1223 0.2	1中 1月20日 ⑥ [illegible] 2 1000万 2ゲ13頭 天外 1346 55 吉田隼 S ⑤⑥⑦ 486 人気8 中位伸 クビ 366 中 345 モアナ 1346 0.0	1中 1月13日 ④ 四才上 13 1000万 14ゲ16頭 壬外 1100 55 森泰 M ③③⑥ 460 人気14 好位一杯 8 1/2 337 中 363 ダイトウキョウ 1086 1.4	1中京 1月14日 ② [illegible] 15 1000万 5ゲ18頭 孟 1225 54 国分優 M ⑫⑬⑪ 430 人気11 直線不利 6 3/4 355 中 357 ココファンタジ 1214 1.1	5東 11月25日 ⑦ 三才上 2 牝1000 13ゲ15頭 孟 1223 54 ルメール S ⑧⑦⑥ 440 人気1 中位伸 クビ 374 中 331 アッラサルーテ 1223 0.0

１着⑫シャンデリアハウス　（７番人気）
２着⑨ペルソナリテ　（４番人気）
３着⑯ナンヨーアミーコ　（10 番人気）

単⑫ 1590 円　複⑫ 510 円　⑨ 260 円　⑯ 730 円
馬連⑨－⑫ 5620 円　馬単⑫→⑨ 12590 円
３連複⑨⑫⑯ 36220 円
３連単⑫→⑨→⑯ 214140 円

・東京11R芝1600m（16頭）1着⑥　2着⑭　3着④

●4日

・東京5R芝1800m（16頭）1着②　2着⑪　3着⑩
・東京7R芝1800m（16頭）1着⑦　2着③　3着⑨
・東京9R芝2400m（14頭）1着⑫　2着⑬　3着⑦
・東京11R芝1600m（16頭）1着⑧　2着③　3着⑮

ここまでの結果を見て、P96〜97の東京12Rの出馬表を見返してほしい。日曜日に馬場が回復傾向になると、やや⑫番以降の馬番の出現の勢いは止まりつつあるのも確かだが、基本的には外目の馬番が強いというのは間違いなさそうだ。

出目表では、東京芝の12Rは②を軸候補としている。しかし、こうしたバイアスからは、外目の馬番から軸を選ぶ手もあったはず。

レースは1着に7番人気（15・9倍）⑫シャンデリアハウス、2着4番人気（6・9倍）⑨ペルソナリテ、3着10番人気（29・7倍）⑯ナンヨーアミーコで決着。3連複3万6220円を的中した。

出目表だけでは的中しない馬券なのだが、芝の道悪では⑫番から外目の馬番を中心に馬券を購入すると、的中が近づくという例が少なくないため紹介することにした。

18年2月13日小倉開催も、芝では⑫番以降の外目の馬番が集中して出現した。

小倉芝コースは全般的に外目の二ケタ馬番の出現が目立つが、次の結果を見れば明らかに偏りが見られたといっていい。この日は12日に雪が降り開催が一日延期されてのもの。芝は稍重まで回復していたが、冬場でもあるしパンパンの良馬場ということはない。

●13日

・小倉3R芝1200m（18頭）　1着⑧　2着⑮　3着⑦
・小倉4R芝1800m（15頭）　1着⑫　2着⑪　3着⑦
・小倉5R芝1200m（17頭）　1着⑨　2着⑫　3着①
・小倉6R芝2600m（16頭）　1着⑦　2着②　3着④
・小倉8R芝2000m（18頭）　1着⑯　2着⑧　3着⑫
・小倉9R芝1200m（18頭）　1着⑪　2着⑭　3着④
・小倉10R芝2000m（18頭）　1着⑨　2着⑥　3着⑮

……そして、極めつけは小倉12R（芝1200m）。

これは出目表通り、馬券を買っていれば獲れていたレースだった。

小倉12Rは軸候補が⑭とある（P80参照）。このレースで該当するのは18番人気（184・6倍）の⑭パッションチカ。18頭立ての最低人気馬で戦績を見れば、簡単に買える馬ではない。出目馬券では、戦歴などは見ないほうが思わぬ人気薄を拾えるのは間違いないが、それにしても最低人気の馬で買いづらかったのは確か。そこで違う馬から馬券を買ってしまい……。

結果、1着1番人気（2・7倍）⑮フナウタ、2着2番人気（5・0倍）⑯スパイチャクラ、3着になんと⑭パッションチカが入ってしまったのだ。

これは痛恨！　出目表の通り購入していれば、3連複なら難なく的中させられた馬券だろう。しかし、馬柱を見てしまったのが失敗のもと（泣）。

3連複2万8220円、3連単9万3740円をみすみす逃してしまったのだ。しかも、この日は道悪馬場だったことを考えれば、素直に⑭パッションチカを軸に馬券を買わなければならなかったのに……。

小倉芝戦は特に二ケタ馬番が活躍する傾向にある。雪の道悪でさらに活躍が見込めたのであれば、人気の有無に関わらず⑭番というだけで馬券を買わなければいけないレースだったのは間違いないだろう。後悔先に立たず、である。

【ケース5】10～13頭立ての波乱馬券の出目とは

穴馬券というと、頭数の多い16頭立てや18頭立てで多く出現するのは間違いない。しかし、10～13頭立てといったフルゲート割れでも、波乱になるケースも少なくない。

そういった場合、カギを握るのが⑥、⑧番だ。

10～13頭立てで3連単10万超馬券となったレースは、芝・ダートを含めて対象期間内に359レースあった。複勝率トップとなったのが⑥番で28・0％。そして単勝回収率トップが⑧番で338％を記録している。

どうしても頭数が少ないレースでは、外目も内目も心理的に買われやすくなっていることが影響しているというのは、大きな理由のひとつとして挙げられそうだ。18頭立てフルゲートの⑱番は大外を回る不利も考えられるし、逆に①番は包まれる心配もある。

ところが、10～13頭立てなら大きく気にする必要もないと考える人が増えるのか、複勝率がまずまずでも、単複回収率はそれほど高くない。そういった点からも①、②番や⑫、⑬番を買うのであれば、⑥、⑧番を軸にしたほうがいい。

それで痛恨だったのが、18年3月17日阪神11R若葉S（芝2000m）。

本書の出目表であれば、軸は2番人気（6・7倍）に推されていた②ダノンフォーチュンということになる（P68参照）。ただ、若葉Sは12頭立て。思い切って7番人気（23・5倍）⑥ビービーデフィか、3番人気（15・8倍）⑧ダブルシャープのどちらかから入る手はあった。

出目表を見ればわかるように、⑥も⑧も阪神芝11Rでは相手候補に入っている頻出馬番だったのだ。仮に軸を⑧に取っていた場合、3連複くらいは獲れていたかもしれないが……。

結果は、1着8番人気（45・0倍）⑦アイトーン、2着⑧ダブルシャープ、3着11番人気（334・4倍）③ロードアクシス。断トツの1番人気⑫タイムフライヤーが5着に敗れたこともあり、3連複64万2490円、3連単491万630円という超特大万馬券に……。

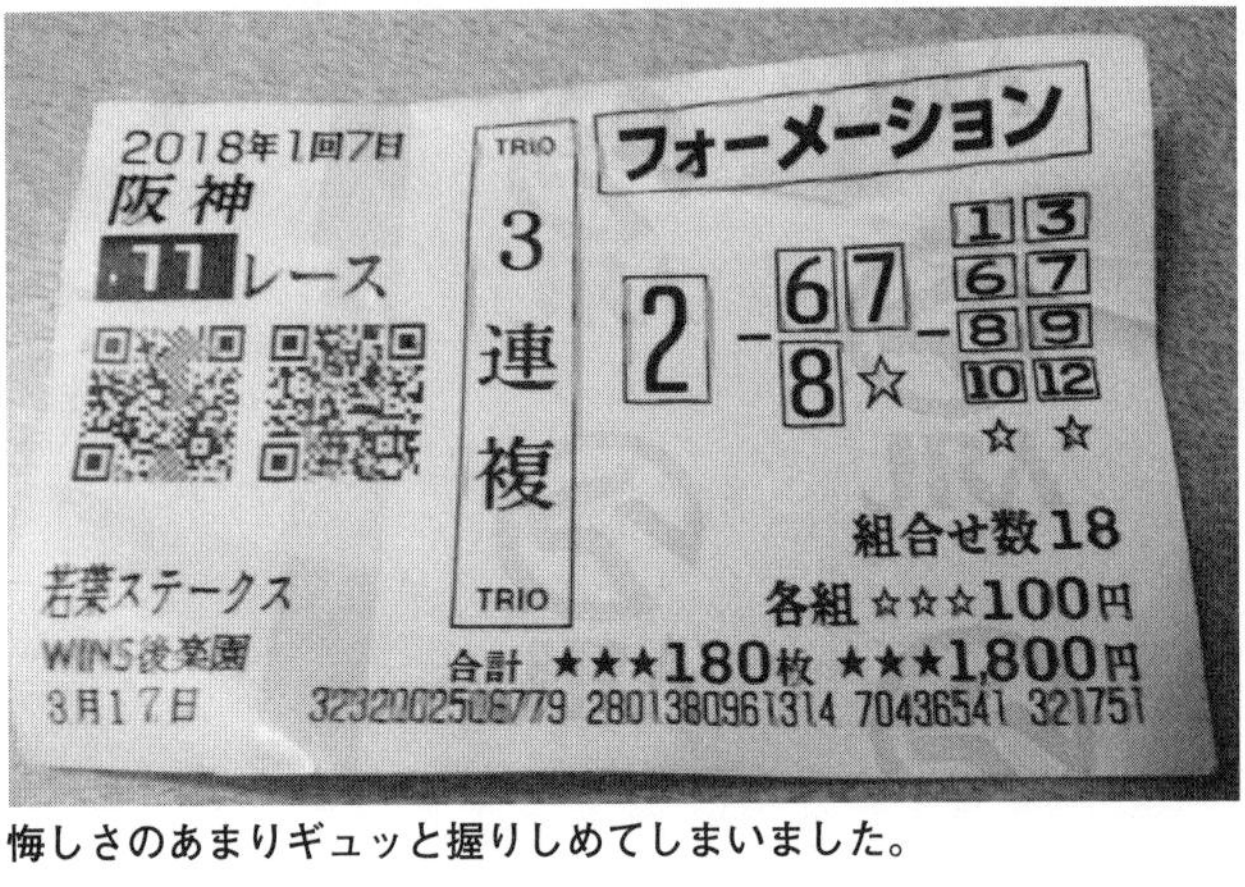

悔しさのあまりギュッと握りしめてしまいました。

2018年３月17日阪神11Ｒ若葉Ｓ（３歳ＯＰ、芝2000m）

阪神 11R 発馬 3.35 若葉（わかば）ステークス（皐）指定 混合 サラ三才オープン・馬齢

馬番	12	11	10	9	8	7	6	5	4	3	2	1
枠	桃8	桃8	橙7	橙7	緑6	緑6	黄5	黄5	青4	赤3	黒2	白1
父	ハーツクライ	フランケル	スペシャルウィーク	ニューアプローチ	ベーカバド	キングズベスト	オルフェーヴル	ディープインパクト	マンハッタンカフェ	ブレイクランアウト	ディープインパクト	ストーミングホーム
馬名	タイムフライヤー	㊋タニノフランケル	テイエムリボー	ジュンヴァルロ	㊞ダブルシャープ	アイトーン	ビービーデフィ	シエラネバダ	メイショウテッコン	ロードアクシス	ダノンフォーチュン	クリノカポネ
母	タイムトラベリング	ウオッカ	メロディベリオット	ウェイクミーアップ	メジロルーシュバー	スペシャルディナー	レッドボナンザ	ミスパスカリ	エーシンベロシティ	エニーデイ	ベニーズフォーチュン	ヴァレッタ
毛色	鹿毛	青鹿	青鹿	栗毛	鹿毛	鹿毛	黒鹿	芦毛	青鹿	黒鹿	鹿毛	鹿毛
斤量	56 牡3	56 牡3	56 牡3	56 牡3	56 牡3	56 牡3	56 牡3	56 牡3	56 牡3	56 牡3	56 牡3	56 牡3
騎手	ルメール	幸	四位	バルジュー	和田	国分恭	藤岡佑	松山	古川	酒井	浜中	佐藤友
厩舎	松田国	角居	武英	友道	渡辺	五十嵐	角居	音無	高橋忠	奥村豊	大久保龍	谷
賞金	5350	400	400	900	980	900	400	400	900	400	400	400
総賞金	10,680	1580	940	1700	2582	2000	600	500	1700	500	1100	1490
馬主名	サンデーR	谷水雄三	竹園正繼	河合純二	天堀忠博	深見富朗	坂東牧場	金子真人HD	松本好雄	ロードHC	ダノックス	栗本博晴
牧場名	白老F	アイルランド	清水牧場	ノーザンF	村上雅規	新冠タガノF	坂東牧場	ノーザンF	下屋敷牧場	オリオンF	下河辺牧場	ダーレー・ジャパンF

1着⑦アイトーン　　　（8番人気）
2着⑧ダブルシャープ　　（3番人気）
3着③ロードアクシス　　（11番人気）
5着⑫タイムフライヤー　（1番人気）
8着②ダノンフォーチュン（2番人気）

単⑦ 4500円　複⑦ 2850円　⑧ 1020円　③ 11720円
馬連⑦－⑧ 21220円　馬単⑦→⑧ 47660円
3連複③⑦⑧ 642490円
3連単⑦→⑧→③ 4910630円

出目表を見ると、超ド人気薄の③ロードアクシスもヒモ候補に拾っている馬番。つまり、②ダノンフォーチュン（8着）と心中して失敗した馬券ということになる。

10〜13頭立てのレースであれば、⑥番または⑧番を上に取る手もあると覚えていれば、特にこの阪神11R若葉Sは、両馬とも相手候補に入っている目でもあり、軸にできる可能性もあった。

先のデータで記した通り、⑥、⑧番が10〜13頭立てで絡んで、3連単10万馬券になることは少なくない。

比較的記憶に新しいところでは、18年2月11日東京11R共同通信杯（12頭立て）が挙げられる。1着6番人気（13・9倍）⑥オウケンムーン、2着3番人気（6・3倍）①サトノソルタス、3着が10番人気（132・9倍）④エイムアンドエンドで決着。出目表（P82参照）では、芝の東京11Rでは①番が軸となっているが、⑥オウケンムーンから入る手もあったのでは。

残念ながら④エイムアンドエンドを捕まえるのは難しいのは確かだが、そこは頭数を考えてほしい。10〜13頭立てであれば総流しも可能だろう。そもそも出目表に掲載されている⑭番は存在しない馬番だし、★（大外）は⑫番が兼ねている状況。2頭分の〝空き〟があったことになる。他の馬番を足したところで、点数はそれほど多くならないのだ。

16年安田記念（12頭立て、芝1600m）では、1着が8番人気（36・9倍）⑥ロゴタイプ、2着1番人気（1・7倍）⑧モーリス、3着6番人気（29・5倍）⑩フィエロで決着し3連複1万4990円、3連単15万3560円の配当をつけた。

他にも10～13頭立てのレースで3連単10万馬券となり、⑥番または⑧番が絡んだレースはある。

17年キーンランドC（12頭立て、芝1200m）は1着⑧、2着⑪、3着⑥で、3連複1万5390円、3連単11万4130円。15年アーリントンC（12頭立て、芝1600m）は1着⑧、2着④、3着⑪で、3連複3万6580円、3連単32万5370円と波乱を呼んでいる。

【★、☆……大外馬番の取り扱いと表記について】

出目表では大外馬番の表記は２パターンある。

★……これは、出走頭数により大外にあたる馬番が変化するため。特定の馬番ではなく大外にあたる馬番の成績が目立っていることを示しているのだ。例えば、★が打ってあり、13頭立ての場合、⑬番が狙い目ということにある。15頭立てなら⑮番が該当馬だ。

☆……馬番の右横に☆があるケース。例えば、フルゲート16頭立てで⑯☆となっている場合、⑯番または大外にあたる馬番が出現しやすいという意味がある。もし、そのレースが15頭立てなら、当たり前だが⑯番は存在しない。しかし、大外馬番にあたる⑮番は狙い目ですよ、という意味なのだ。なお、フルゲートの頭数は各コースによって異なる。

また、フルゲートが16頭立てなのに、⑯番の右横に☆が入らず、⑯単独の場合がある。これはフルゲートで⑯番のみは狙えるが、フルゲート割れのレースでは大外にあたる馬番が狙えないということを示している。

仮に、16頭立てがフルゲートのレースで⑯とだけ記載があったとしよう。16頭立てなら⑯番は狙い目となるが、14頭立てだと、大外にあたる⑭番は狙えないということだ。

まとめると、★が単独であれば、とにかくフルゲートに関わらず大外にあたる馬番が買い。⑯☆のように併記されている場合は、⑯番がフルゲート割れで存在しない場合に、大外にあたる馬番が買い。⑯のように数字単独の場合は、⑯番のみが買いで、フルゲート割れしたレースでは大外馬番は買えないということになる。

第2章

〝あの重賞〟の舞台を解剖！

重要25コースの最強出目

コース解剖① 東京・芝2400m

GⅠ……オークス、ダービー、ジャパンC
GⅡ……青葉賞

●GⅠの出目傾向～買わなきゃいけない神馬番は①！

過去10年で30レースが行なわれ（2010年オークス同着）、1枠&2枠で14勝を挙げており、とにかく内目の枠が有利なレースとなっている。

中でも①番が強い傾向を示し【6－4－3－17】（勝率20・0％、連対率33・3％、複勝率43・3％、単勝回収率210％、複勝回収率171％）という高成績。1頭も馬券にならなかったのは過去10年で12年のみ。つまり、08年以降、オークス、ダービー、ジャパンCの3レース中1レースで、12年以外は必ず①番が3着以内に入っているのだ。

その①番が1番人気に推された際は【3－0－2－0】と馬券圏内パーフェクト。

人気を集めそうな馬が①番に入ったため1番人気になったのか、1番人気になるような馬が①番に入ったのかは定かではないが、連軸としては堅くなる。

このGⅠ・3レースにおける①番は、1番人気以外でも強さを発揮する。

注：コース解剖の順番は、GⅠ・重賞の施行数の多寡を加味している

17年はオークスで6番人気（単勝15・0倍）①モズカッチャンが2着、ジャパンCでは5番人気（13・3倍）①シュヴァルグランが勝利している。

また過去10年では、同年の3レースすべてで①番が3着以内を占めたことはない。オークスやダービーで①番が好走したらジャパンCでは消し、オークスやダービーで①番が凡走した場合は、ジャパンCでは買いとなる傾向も覚えておこう。

●Gⅰレース以外～青葉賞で①番が大不振の理由

同じ東京芝2400mで行なわれるダービートライアルの青葉賞。ところが、ダービーとは違い、①番は大不振で過去10年は【0－0－0－10】と1頭も馬券になっていない。

この違いは、施行コースによるものと類推される。オークスはBコース、ダービー、ジャパンCではCコースを使用。ところが青葉賞はAコースで行なわれるのだ。

コース幅の広いAコースでは、必ずしもインが有利ではないということだろう。Aコース使用のレースで1枠は【8－10－7－78】（勝率7・8％、連対率17・5％、複勝率24・3％）という成績で、単勝回収率36％、複勝回収率64％と平凡な成績（表1、2）。

オークスやダービー、ジャパンCの印象で、東京芝2400mはイン有利と思っていると、

表1●東京芝2400m【GⅠ】枠番別成績

枠番	着別度数	勝率	連対率	複勝率	単回値	複回値
1枠	9-5-5-41/60	15.0%	23.3%	31.7%	124	112
2枠	5-2-6-46/59	8.5%	11.9%	22.0%	136	97
3枠	3-2-4-51/60	5.0%	8.3%	15.0%	25	62
4枠	2-3-2-52/59	3.4%	8.5%	11.9%	5	38
5枠	3-6-2-49/60	5.0%	15.0%	18.3%	41	50
6枠	1-3-2-53/59	1.7%	6.8%	10.2%	8	27
7枠	4-4-5-72/85	4.7%	9.4%	15.3%	31	37
8枠	4-4-4-75/87	4.6%	9.2%	13.8%	61	42

表2●東京芝2400m【GⅠ以外】枠番別成績

枠番	着別度数	勝率	連対率	複勝率	単回値	複回値
1枠	29-22-18-226/295	9.8%	17.3%	23.4%	78	69
2枠	36-20-30-231/317	11.4%	17.7%	27.1%	135	94
3枠	27-23-23-264/337	8.0%	14.8%	21.7%	60	53
4枠	23-24-26-284/357	6.4%	13.2%	20.4%	57	69
5枠	31-32-36-283/382	8.1%	16.5%	25.9%	41	73
6枠	22-30-32-319/403	5.5%	12.9%	20.8%	42	64
7枠	27-37-30-354/448	6.0%	14.3%	21.0%	38	70
8枠	30-35-32-365/462	6.5%	14.1%	21.0%	42	66

データはいずれも2008年1月5日～18年3月4日

痛いしっぺ返しを喰らってしまう（ただし2枠は健闘）。

各コースの複勝率2位までの枠番と、複勝率3位までの馬番を掲載しておく。

■Aコース

・枠番…1位2枠（30・9％）
　　　　2位5枠（27・4％）
・馬番…1位②（34・1％）
　　　　2位⑩（31・5％）
　　　　3位③（29・3％）

■Bコース

・枠番…1位8枠（25・5％）
　　　　2位2枠（23・5％）

表３●東京芝2400m【開催日別】狙い目馬番

開催日	軸候補	相手候補	ヒモ候補	爆穴候補
１、２日目	①⑥	④⑦	⑩⑫	③⑧
３、４日目	⑦①	⑬⑧	③⑤	★⑪
５、６日目	③②	⑤④	⑦⑪	⑧①
７、８日目	①⑯	④⑥	★②	⑩⑯
９日目以降	③①	⑬⑭	★⑧	⑦②

表４●東京芝2400m【クラス別】狙い目馬番

クラス	軸候補	相手候補	ヒモ候補	爆穴候補
未勝利	③①	⑬⑫	⑱⑥	②⑩
500万下	⑦③	⑬★	⑤④	①⑧
1000万下	②⑫	★③	⑥⑦	⑩⑭
1600万～重賞	④⑩	①⑥	⑤⑧	⑰⑦
ＧⅠ	①③	⑩⑭	⑦★	⑧⑪

★＝大外の馬番

・馬番…1位⑭（33・3%）
2位タイ③、④（27・3%）

■Cコース
・枠番…1位1枠（27・6%）
2位2枠（25・2%）
・馬番…1位①（34・6%）
2位④（24・4%）
3位タイ⑤、⑫（23・1%）

■Dコース
・枠番…1位5枠（26・2%）
2位4枠（25・2%）
・馬番…1位③（33・8%）
2位⑦（28・8%）
3位①（26・9%）

このような使用コースで出目を意識する手もありそうだ。東京芝2400mにまつわる出目表も掲載しているので参考にしてみてほしい（表3、4）。

コース解剖② 阪神・芝1600m

GⅠ……桜花賞、朝日杯FS、阪神JF
GⅡ……チューリップ賞、阪神牝馬S／GⅢ……アーリントンC

●GⅠの出目傾向～人気薄が走る！回収率が高い⑩番

芝1600mは、阪神競馬場の主要コースといっていいだろう。2014年に朝日杯FSが移設されたため、GⅠは3レース施行されている。

阪神芝1600m戦は外枠不利というイメージがあるかもしれないが、06年の馬場改修以降、特にGⅠでは不利とまではいえない状況といっていいし、24レース中5勝を8枠の馬が挙げている。

枠番別の複勝率成績を見れば、8枠は1～4枠の成績を上回っているのがわかる。GⅠでは18頭立てになりやすいため、外が物理的に不利というのは否めないが、馬場改修以前のように「8枠＝消し」という状況ではないというのは改めて覚えておきたい。

17年阪神ＪＦでは、1番人気のロックディスタウンが⑱番枠に入って9着に惨敗してしまったが、同馬番に1、2番人気馬が入った際は【2－2－1－2】で、勝ち切れないまでもそこそこ堅実に走っている。

また08年桜花賞では、15番人気（単勝94・3倍）⑱エフティマイアが2着、10年阪神ＪＦでは8番人気（48・9倍）のライステラスといった人気薄の激走例もあった。

単複回収率が高いのは⑩番。特に16年以降は面白いように人気薄が走り、16年桜花賞は6番人気（36・9倍）⑩アットザシーサイドが3着、同年朝日杯ＦＳでは7番人気（15・8倍）⑩モンドキャンノが2着に入っている。

17年は桜花賞で8番人気（40・9倍）⑩レーヌミノルが1着、朝日杯ＦＳでは3番人気（5・3倍）⑩ステルヴィオが2着になった。本書は18年桜花賞後の刊行となるが、同レースで⑩番が激走していなかったら、暮れの朝日杯ＦＳや阪神ＪＦで狙う手もあるだろう。

●ＧⅠレース以外～ＧⅡ、Ⅲなら⑧、⑫番が大活躍

ＧⅠ以外もチューリップ賞、阪神牝馬Ｓ、アーリントンＣが行なわれる。この3レース全

表5●阪神芝1600m【ＧⅠ】枠番別成績

枠番	着別度数	勝率	連対率	複勝率	単回値	複回値
1枠	5-1-1-41/48	10.4%	12.5%	14.6%	42	37
2枠	0-1-5-41/47	0.0%	2.1%	12.8%	0	42
3枠	1-3-1-43/48	2.1%	8.3%	10.4%	21	47
4枠	3-4-0-40/47	6.4%	14.9%	14.9%	77	95
5枠	4-3-5-36/48	8.3%	14.6%	25.0%	103	130
6枠	2-5-3-38/48	4.2%	14.6%	20.8%	11	48
7枠	4-3-6-57/70	5.7%	10.0%	18.6%	82	69
8枠	5-4-3-58/70	7.1%	12.9%	17.1%	51	87

表6●阪神芝1600m【ＧⅠ以外】枠番別成績

枠番	着別度数	勝率	連対率	複勝率	単回値	複回値
1枠	47-39-39-544/669	7.0%	12.9%	18.7%	75	66
2枠	43-46-48-570/707	6.1%	12.6%	19.4%	51	66
3枠	45-53-46-588/732	6.1%	13.4%	19.7%	39	69
4枠	58-47-61-615/781	7.4%	13.4%	21.3%	71	63
5枠	52-66-51-656/825	6.3%	14.3%	20.5%	76	73
6枠	62-51-73-659/845	7.3%	13.4%	22.0%	83	77
7枠	70-77-61-784/992	7.1%	14.8%	21.0%	104	88
8枠	76-75-74-816/1041	7.3%	14.5%	21.6%	68	80

体の単勝回収率が83％という具合で、波乱傾向が強い重賞が集まっているといっていい。

特にＧⅠ以外の重賞では⑧、⑫番が波乱の主役。

⑧番絡みでは09年アーリントンＣで12番人気（58・5倍）⑧マイネルエルフが2着。東日本大震災の影響で代替開催として行なわれた11年ニュージーランドＴでは12番人気（56・3倍）⑧エイシンオスマンが勝利。

さらに15年アーリントンＣでは9番人気（34・8倍）⑧ヤングマンパワーが勝利するなど、単勝30

表7●阪神芝1600m【開催日別】狙い目馬番

開催日	軸候補	相手候補	ヒモ候補	爆穴候補
1、2日目	⑧③	⑦①	②⑬	⑮④
3、4日目	⑱☆⑮	④⑥	⑪⑦	①③
5、6日目	⑩⑦	⑧⑬	⑭★	⑪⑤
7、8日目	⑩⑰	★⑤	④⑨	⑪③
9日目以降	⑤⑥	⑪⑫	⑬⑰	★⑧

表8●阪神芝1600m【クラス別】狙い目馬番

クラス	軸候補	相手候補	ヒモ候補	爆穴候補
新馬、未勝利	⑧⑦	②⑪	⑬⑭	⑮①
500万下	⑩⑤	⑧⑰	⑱☆⑬	②⑯
1000万下	④③	⑤⑧	①⑥	★⑩
1600万～重賞	③⑦	⑧⑫	⑮⑰	⑩★
GⅠ	⑩⑱☆	⑪⑬	④⑥	①②

★＝大外の馬番（⑱☆の場合は、フルゲート割れで⑱番がいないときに大外の馬番が該当）

倍以上の馬の激走が少なくない。

⑫番も同様の傾向を示している。08年アーリントンCでは5番人気（19・7倍）⑫ダンツキッスイ、10年チューリップ賞では9番人気（39・0倍）⑫ショウリュウムーン、12年チューリップ賞では4番人気（37・2倍）⑫ハナズゴールらが勝利。16年アーリントンCでは9番人気（20・4倍）⑫ダンツプリウス、17年アーリントンCでは6番人気（11・5倍）レッドアンシェルが2着するなど、人気の有無に関わらず激走馬が多いのだ。

また、500万下条件では、1番人気が①～⑤番に入ったら軸として堅い。【10―5―7―5】という具合で、着外5回のうち4回が4着。ほぼ馬券になると思っていいだろう。

全クラスを見渡すと、外枠が不利ではないのは間違いないが、500万下などの下級条件では内目の馬番の頻出が目立つのも事実である。

コース解剖③ 東京・芝1600m

GⅠ……NHKマイルC、ヴィクトリアM、安田記念
GⅢ……クイーンC、アルテミスS、サウジアラビアRC、東京新聞杯、富士S

●GⅠの出目傾向～4枠の1、2番人気は鬼門

オークス、ダービー、ジャパンCが行なわれる東京芝2400m戦と同様に、GⅠが3レース施行され、他にも重賞が目白押しというのが東京芝1600m戦だ。

GⅠでは①、②番が過去10年の30レースで1勝も挙げていない。ただし、爆穴候補として提示したのは複勝回収率がともに100%を超えているため（P119参照）。

GⅠにおける①、②番の成績は【0―6―8―46】というもので、複勝回収率は146%

を記録。２０１４年安田記念以降、馬券になった馬はいないものの、突如として人気薄が固めて走る傾向にあるので、そろそろ出現があっても不思議はないと読み、候補馬番としてピックアップしている。

例えば、09年ヴィクトリアMで1着は圧倒的1番人気（単勝１・７倍）⑥ウオッカだったものの、2着に11番人気（46・8倍）②ブラボーデイジー、3着に7番人気（25・3倍）①ショウナンラノビアと、2頭の人気薄が同時に馬券となっている。

14年ＮＨＫマイルCでも、勝利したのは1番人気（1・9倍）⑩ミッキーアイルも、2着に17番人気（１１４・5倍）②タガノブルグ、3着12番人気（78・4倍）①キングズオブザサンが入った。比較的被った人気の1番人気馬が勝利するも、3連複18万８３８０円、3連単68万４０２０円という超特大配当になったのだ。

また、勝ち鞍はあるものの、なぜか4枠に入った馬の複勝率が低いのもポイントといっていいだろう。なんと4枠に入って1、2番人気になった馬の成績は【0―0―0―9】とすべて着外に終わっている。

17年安田記念も、2番人気（5・9倍）⑧エアスピネルが5着というように着外に散った。

表9●東京芝1600m【GⅠ】枠番別成績

枠番	着別度数	勝率	連対率	複勝率	単回値	複回値
1枠	0-6-8-45/59	0.0%	10.2%	23.7%	0	148
2枠	4-2-6-47/59	6.8%	10.2%	20.3%	85	88
3枠	7-3-2-47/59	11.9%	16.9%	20.3%	91	54
4枠	2-2-1-54/59	3.4%	6.8%	8.5%	68	65
5枠	5-5-2-48/60	8.3%	16.7%	20.0%	81	125
6枠	3-2-5-50/60	5.0%	8.3%	16.7%	19	113
7枠	6-4-3-72/85	7.1%	11.8%	15.3%	111	66
8枠	3-6-3-77/89	3.4%	10.1%	13.5%	26	145

表10●東京芝1600m【GⅠ以外】枠番別成績

枠番	着別度数	勝率	連対率	複勝率	単回値	複回値
1枠	62-63-63-812/1000	6.2%	12.5%	18.8%	76	74
2枠	57-75-84-839/1055	5.4%	12.5%	20.5%	35	66
3枠	75-81-79-862/1097	6.8%	14.2%	21.4%	61	73
4枠	78-73-79-910/1140	6.8%	13.2%	20.2%	64	71
5枠	90-78-75-952/1195	7.5%	14.1%	20.3%	98	87
6枠	86-97-78-975/1236	7.0%	14.8%	21.1%	65	64
7枠	93-90-98-1150/1431	6.5%	12.8%	19.6%	46	76
8枠	104-89-92-1210/1495	7.0%	12.9%	19.1%	77	66

●GⅠレース以外～ヒモでも押さえておきたい⑩番

GⅠ以外の重賞でも1枠の出現数は低い。【2―5―5―55】（勝率3・0％、連対率10・4％、複勝率17・9％）といった具合だ。

ただ、GⅠ以外の出現総数で検証すれば、1枠は複勝率こそ最下位だが、勝率、連対率、単複回収率はそこそこの数字となっている。単複回収率は少なくとも他の枠と比べて、大きく低いということはない。

重賞やGⅠでは、1枠の馬は激走注意も、それほど大きな期待を

表11●東京芝1600m【開催日別】狙い目馬番

開催日	軸候補	相手候補	ヒモ候補	爆穴候補
1、2日目	⑥⑦	⑤⑫	⑧①	③⑩
3、4日目	⑪⑥	⑤⑦	⑧③	⑨⑰
5、6日目	②④	⑩③	⑭⑧	★①
7、8日目	⑩⑪	④⑯	②★	⑧⑬
9日目以降	⑥②	⑩⑪	⑫⑱☆	④⑧

表12●東京芝1600m【クラス別】狙い目馬番

クラス	軸候補	相手候補	ヒモ候補	爆穴候補
新馬、未勝利	⑪⑦	⑥⑧	①⑤	③⑬
500万下	④⑧	②⑪	③⑥	⑯★
1000万下	③⑤	②⑧	⑩⑪	★⑭
1600万～重賞	⑥②	⑩★	①⑩	⑤③
GⅠ	⑩⑫	⑬⑤	⑥③	①②

★＝大外の馬番（⑱☆の場合は、フルゲート割れで⑱番がいないときに大外の馬番が該当）

寄せてはいけないのかもしれない。

またＧⅠ以外のレースでは、⑯番以降の外目の馬番の複勝率は20％を割っている。基本的には⑥～⑪番といった、内目から中目にかけての馬番が狙いとなるケースが多い。

中でも⑩番は複勝率はさほど高くないが（21・3％）、単勝回収率133％、複勝回収率が96％と穴馬の激走が目立つ。特に10～12番人気の⑩番の成績は【2―6―3―111】と複勝率は9％しかないが、単勝回収率148％、複勝回収率156％と高い値を示す。

激走例としては、16年東京新聞杯。11番人気（66・7倍）⑩マイネルアウラートが

3着に入っている。複勝率が他の馬番より目立たないので、軸には推しにくいが、気になる人気薄の馬がいたら、⑩番は押さえておきたいところだ。

また、東京芝1600m戦で1番人気馬が①番に入ったら飛ぶ可能性も考えたい。【11―4―4―23】(勝率26・2%、連対率35・7%、複勝率45・2%)という具合で、まずまず勝ち切っているが、複勝率は50%を割っている。このコースの1番人気馬全体の複勝率は62・5%あるので、20%以上も低い値を示しているのだ。

コース解剖④ 京都・芝1600m

GⅠ……マイルCS／GⅡ…デイリー杯2歳S、マイラーズC
GⅢ…京都金杯、シンザン記念

●全体の出目傾向～1番人気の①、⑤番は信頼度がかなり高い

秋のマイルCS、デイリー杯2歳Sを含めて、重賞は内枠の馬が優勢といっていい。マイルCSは近3年、8枠の馬が3連勝しているが、過去10年ベースでは一ケタ馬番が基本的には勝ち切っている。

軸として選ぶなら、一ケタ馬番の中から選びたい。京都金杯、シンザン記念では時期や馬場の影響も大きく、特にその傾向が強まるのはよく知られているところだろう。

単勝20倍以上の人気薄馬では、内目の一ケタ馬番の好走も目立つが、2つの二ケタ馬番も活躍している。

それは⑫番（複勝率11・2％、単勝回収率128％、複勝回収率114％）、⑬番（複勝率10・8％、単勝回収率300％、複勝回収率90％）。20倍以上の人気薄が、10頭中1頭は3着以内に入っている両馬番には注意したい。

また、開催が進むと二ケタ馬番が台頭しやすくなるのも特徴的。7日目以降は、⑪、⑬番といったところが勝ち切るし、⑨、⑩、⑫番あたりも複勝率は1〜6日目開催と比べて高くなる傾向にある。

人気で見ると、1番人気馬が①番に入った際の成績は【6―2―2―3】（複勝率76・9％）と勝ち切っている。⑤番では【7―8―6―2】（複勝率91・3％）というように、高い値を叩き出す。

一方で、⑭番以降の二ケタ馬番に入った際の1番人気の成績は【4―5―4―14】（複勝率48・1％）と50％を切ってしまい信頼できない値だ。

表13●京都芝1600m【重賞】枠番別成績

枠番	着別度数	勝率	連対率	複勝率	単回値	複回値
1枠	7-8-5-68/88	8.0%	17.0%	22.7%	54	77
2枠	7-9-6-71/93	7.5%	17.2%	23.7%	45	67
3枠	10-7-9-72/98	10.2%	17.3%	26.5%	69	83
4枠	8-10-7-76/101	7.9%	17.8%	24.8%	85	82
5枠	5-2-8-92/107	4.7%	6.5%	14.0%	44	32
6枠	3-6-9-90/108	2.8%	8.3%	16.7%	26	62
7枠	6-5-8-107/126	4.8%	8.7%	15.1%	97	72
8枠	10-9-4-107/130	7.7%	14.6%	17.7%	42	41

表14●京都芝1600m【重賞以外】枠番別成績

枠番	着別度数	勝率	連対率	複勝率	単回値	複回値
1枠	22-21-22-188/253	8.7%	17.0%	25.7%	110	86
2枠	21-15-15-219/270	7.8%	13.3%	18.9%	68	56
3枠	23-28-17-221/289	8.0%	17.6%	23.5%	152	80
4枠	22-21-20-238/301	7.3%	14.3%	20.9%	61	67
5枠	24-24-28-250/326	7.4%	14.7%	23.3%	42	78
6枠	17-27-20-281/345	4.9%	12.8%	18.6%	48	52
7枠	27-26-34-301/388	7.0%	13.7%	22.4%	79	67
8枠	29-23-31-318/401	7.2%	13.0%	20.7%	108	89

表15●京都芝1600m【開催日別】狙い目馬番

開催日	軸候補	相手候補	ヒモ候補	爆穴候補
1、2日目	④①	⑤⑥	②⑧	⑦⑨
3、4日目	⑧⑤	①★	⑫⑨	⑭④
5、6日目	⑬⑤	①★	③④	②⑦
7、8日目	⑨⑩	⑫⑬	⑭⑥	★②
9日目以降	⑪⑫	⑥⑬	②⑦	①④

表16●京都芝1600m【クラス別】狙い目馬番

クラス	軸候補	相手候補	ヒモ候補	爆穴候補
新馬、未勝利（注）	③④	②⑫	④⑧	①⑥
500万下	⑥⑨	①⑧	⑰⑱☆	⑬②
1000万下	⑬①	⑤②	⑨⑥	⑪⑮
1600万～OP	⑫⑤	①★	③④	⑨⑩
重賞	⑤⑧	①④	⑥⑦	⑰③

★＝大外の馬番（⑱☆の場合は、フルゲート割れで⑱番がいないときに大外の馬番が該当）。新馬、未勝利は主に内回りで行なわれるため、ここではその成績を対象としている

２０１４年マイルＣＳは１番人気（単勝４・４倍）⑮ミッキーアイルが13着、16年京都金杯では１番人気（３・８倍）⑯トーセンスターダムが10着に敗れている。

コース解剖⑤ 東京・芝２０００ｍ

ＧⅠ……天皇賞秋／ＧⅡ…フローラＳ

●全体の出目傾向～重賞では１枠、４枠馬に注目

コース形態から「８枠不利」といわれることが多いコース。８枠は、確かに重賞では結果を残せていないが、それ以外のレースでは単複回収率はともかく、複勝率が20％を超えており悪い値ではない。必要以上に割り引く必要はないだろう。

重賞では、１枠及び４枠に入った馬が穴をあける傾向が強い。

例えば、２０１７年フローラＳは１枠①モズカッチャンが12番人気（単勝37・２倍）で勝利を挙げている。２着は４枠⑦ヤマカツグレース。同馬は10番人気（32・２倍）と、こちらも人気薄の馬だった。馬連３万２０１０円、馬単６万７６５０円という配当になっている。

表17●東京芝2000m【重賞】枠番別成績

枠番	着別度数	勝率	連対率	複勝率	単回値	複回値
1枠	3-4-3-31/41	7.3%	17.1%	24.4%	118	182
2枠	2-3-0-37/42	4.8%	11.9%	11.9%	53	27
3枠	2-3-6-30/41	4.9%	12.2%	26.8%	20	142
4枠	5-4-3-30/42	11.9%	21.4%	28.6%	126	93
5枠	1-3-0-38/42	2.4%	9.5%	9.5%	8	14
6枠	4-2-1-35/42	9.5%	14.3%	16.7%	153	53
7枠	1-2-5-49/57	1.8%	5.3%	14.0%	4	38
8枠	3-0-3-55/61	4.9%	4.9%	9.8%	19	45

表18●東京芝2000m【重賞以外】枠番別成績

枠番	着別度数	勝率	連対率	複勝率	単回値	複回値
1枠	44-37-49-301/431	10.2%	18.8%	30.2%	86	85
2枠	33-38-40-343/454	7.3%	15.6%	24.4%	52	82
3枠	35-46-40-389/510	6.9%	15.9%	23.7%	51	74
4枠	48-44-42-406/540	8.9%	17.0%	24.8%	83	92
5枠	49-38-34-466/587	8.3%	14.8%	20.6%	71	77
6枠	69-49-50-473/641	10.8%	18.4%	26.2%	66	96
7枠	32-54-50-566/702	4.6%	12.3%	19.4%	51	52
8枠	49-52-54-576/731	6.7%	13.8%	21.2%	39	57

表19●東京芝2000m【開催日別】狙い目馬番

開催日	軸候補	相手候補	ヒモ候補	爆穴候補
1、2日目	⑥①	④⑩	⑫★	⑧⑦
3、4日目	⑫①	⑤④	②⑧	③⑨
5、6日目	①⑨	②④	⑪⑤	③⑱☆
7、8日目	⑥④	②①	③⑧	⑦⑪
9日目以降	⑧①	④⑭	⑩⑫	⑤⑨

表20●東京芝2000m【クラス別】狙い目馬番

クラス	軸候補	相手候補	ヒモ候補	爆穴候補
新馬、未勝利	①⑥	⑤⑧	④⑫	⑬②
500万下	⑥⑩	②①	⑤⑫	★③
1000万下	①④	②③	⑧⑤	⑥⑦
1600万～ＯＰ	⑧④	⑩③	①⑥	⑤⑫
重賞	⑦⑧	⑫①	②⑥	③⑨

★＝大外の馬番（⑱☆の場合は、フルゲート割れで⑱番がいないときに大外の馬番が該当）

同年の天皇賞秋も象徴的な結果だったといえる。1着は1番人気（3・1倍）の4枠⑦キタサンブラック、2着2番人気（4・0倍）の1枠②サトノクラウン。ここまでなら人気通りの結果だが、3着が13番人気（59・6倍）の4枠⑧レインボーラインというもの。「重賞では1枠、4枠馬が強い」という傾向通りの結果となった。

重賞を除いた東京芝2000m戦における1番人気馬は、複勝率70・9%と比較的高い数字を残している。中でも①番は【13―8―5―6】（勝率40・6%、連対率65・6%、複勝率81・3%）と信頼できる値だ。

一方で、1番人気馬が⑭番以降の二ケタ馬番だった際の成績は【7―2―4―17】（勝率23・3％、連対率30・0％、複勝率43・3％）という具合で、明らかに数字は低下する。

また、単勝20倍以上の人気薄馬が⑰、⑱番に入ったのなら拾っておきたい。勝てないが、両馬番とも複勝率は10％を超えているからだ。他に人気薄馬は①、⑧番での好走率が高いのも覚えておこう。

コース解剖⑥中山・芝2000m

GⅠ……皐月賞、ホープフルS
GⅡ……弥生賞／GⅢ……中山金杯、京成杯、紫苑S

●全体の出目傾向～重賞も、それ以外も②番が堅実

近年、重賞レースが一気に増加しているコース。2017年からはホープフルSがGⅠに昇格した。当該コースにおける重賞は単勝回収率45％というもの。17年の皐月賞こそ波乱決着だったが、このコースの重賞では人気馬が勝つケースが目立っている。

特に弥生賞は、1番人気馬が強いレースとして知られる。中山金杯も年によって異なるが、

表21●中山芝2000m【重賞】枠番別成績

枠番	着別度数	勝率	連対率	複勝率	単回値	複回値
1枠	5-2-7-63/77	6.5%	9.1%	18.2%	33	43
2枠	6-10-4-62/82	7.3%	19.5%	24.4%	32	90
3枠	6-6-9-63/84	7.1%	14.3%	25.0%	80	72
4枠	5-4 9-72/90	5.6%	10.0%	20.0%	26	56
5枠	5-7-5-76/93	5.4%	12.9%	18.3%	36	78
6枠	6-6-10-73/95	6.3%	12.6%	23.2%	65	79
7枠	4-7-3-94/108	3.7%	10.2%	13.0%	16	47
8枠	12-7-2-93/114	10.5%	16.7%	18.4%	70	41

表22●中山芝2000m【重賞以外】枠番別成績

枠番	着別度数	勝率	連対率	複勝率	単回値	複回値
1枠	44-49-47-456/596	7.4%	15.6%	23.5%	45	59
2枠	36-54-44-486/620	5.8%	14.5%	21.6%	41	65
3枠	43-45-52-512/652	6.6%	13.5%	21.5%	50	75
4枠	51-37-53-536/677	7.5%	13.0%	20.8%	56	67
5枠	54-52-50-551/707	7.6%	15.0%	22.1%	57	62
6枠	48-47-45-591/731	6.6%	13.0%	19.2%	88	65
7枠	58-56-54-655/823	7.0%	13.9%	20.4%	84	77
8枠	60-54-51-699/864	6.9%	13.2%	19.1%	135	75

表23●中山芝2000m【開催日別】狙い目馬番

開催日	軸候補	相手候補	ヒモ候補	爆穴候補
1、2日目	⑥②	⑩⑪	①⑱	⑤⑨
3、4日目	⑤③	②⑮	⑯⑧	①⑨
5、6日目	④⑥	②①	⑮⑨	⑧③
7、8日目	⑩②	⑦⑰	★⑧	⑬⑭
9日目以降	②③	⑦⑧	⑮⑱	⑨⑥

表24●中山芝2000m【クラス別】狙い目馬番

クラス	軸候補	相手候補	ヒモ候補	爆穴候補
新馬、未勝利	⑤②	①⑧	⑨⑩	⑰⑪
500万下	⑥②	③④	⑦⑧	⑪⑬
1000万下	④⑧	②①	⑨⑬	⑮⑤
1600万～ＯＰ	①②	⑥⑪	⑩⑰	④⑨
重賞	⑪②	⑱④	③⑥	⑩⑮

★＝大外の馬番

13年以降、1番人気馬が必ず3着以内に入っている。

重賞では7枠が全般的に不調。1番人気馬は【2―2―0―1】とまずまずの成績だが、2、3番人気馬は【1―2―0―10】と絶不調といっていい数字。

17年中山金杯では2番人気（単勝3・2倍）の7枠⑩ストロングタイタンが9着、同年弥生賞では同じく2番人気（3・6倍）の7枠⑨ダイワキャグニーが9着、同年紫苑Sでは2番人気（5・6倍）の7枠⑮ルヴォワールが6着……と3着はおろか、掲示板を外している状況だ。

重賞以外の7枠は複勝率も20%を超えているだけに、不思議といえば不思議だが、割引材料として扱っていいだろう。

重賞以外のレースでは、8枠の単勝回収率135%が目立つ。これは若駒の変わり身によるところが大きい。8枠に入った単勝20倍以上の馬は11勝を挙げているが、2歳馬が4勝、3歳3月までの馬が3勝という状況。2歳や3月の中山開催では、8枠に入った3歳馬の人気薄を狙う手はありそうだ。

また重賞を含めて、基本的にはどのクラスでも②番が狙い目。複勝率は重賞で30・6%、重賞以外のレースで28・0%あり、4レースに1レース以上の割合で馬券になっている。

コース解剖⑦中京・芝1200m

GⅠ……高松宮記念／GⅢ……CBC賞

●全体の出目傾向〜重賞以外のレースなら4枠の穴馬を

2010〜12年の馬場改修直後は、外差し傾向のイメージが強かったコースだろう。しかし、高松宮記念やCBC賞では1枠が不調というのは間違いないが、特に8枠が目立つ成績を挙げているわけではない。

重賞以外のレースでは、複勝率が20%を超える4枠を除くと大きな差はない。6枠は重賞、それ以外のレースでも単勝回収率が100%を超えるので狙い目も、他は4枠から内目の枠を軸にしたほうが配当妙味はありそうだ。

実際、重賞では④〜⑥番に入った馬を中心に馬券を考えたい。15年以降、高松宮記念、CBC賞で必ず1頭は馬券になっていいのだ。

データ集計期間後に行なわれた18年高松宮記念では、3頭とも馬券にならず記録は途切れてしまったが、1着が2番人気（単勝5・5倍）の5枠⑨ファインニードル、2着が3番人

表25●中京芝1200m【重賞】枠番別成績

枠番	着別度数	勝率	連対率	複勝率	単回値	複回値
1枠	1-0-3-34/38	2.6%	2.6%	10.5%	20	40
2枠	3-2-1-32/38	7.9%	13.2%	15.8%	46	40
3枠	4-3-2-30/39	10.3%	17.9%	23.1%	64	66
4枠	1-2-4-33/40	2.5%	7.5%	17.5%	14	37
5枠	2-3-1-33/39	5.1%	12.8%	15.4%	17	44
6枠	4-1-2-33/40	10.0%	12.5%	17.5%	143	56
7枠	3-3-4-45/55	5.5%	10.9%	18.2%	41	94
8枠	2-6-3-45/56	3.6%	14.3%	19.6%	14	55

表26●中京芝1200m【重賞以外】枠番別成績

枠番	着別度数	勝率	連対率	複勝率	単回値	複回値
1枠	32-29-26-419/506	6.3%	12.1%	17.2%	65	64
2枠	32-28-29-429/518	6.2%	11.6%	17.2%	62	67
3枠	24-36-33-427/520	4.6%	11.5%	17.9%	80	89
4枠	49-28-36-412/525	9.3%	14.7%	21.5%	82	85
5枠	25-32-30-448/535	4.7%	10.7%	16.3%	54	71
6枠	32-27-31-445/535	6.0%	11.0%	16.8%	102	66
7枠	41-42-38-624/745	5.5%	11.1%	16.2%	61	73
8枠	39-51-50-621/761	5.1%	11.8%	18.4%	68	81

表27●中京芝1200m【開催日別】狙い目馬番

開催日	軸候補	相手候補	ヒモ候補	爆穴候補
1、2日目	④⑧	⑦⑤	⑥⑬	⑮⑯
3、4日目	⑦⑤	⑫⑬	⑭★	①⑥
5、6日目	⑦②	⑤⑪	⑮⑯	④⑧
7、8日目	⑪⑯	⑰⑧	★⑦	⑩⑬

9日目以降の施行はナシ

表28●中京芝1200m【クラス別】狙い目馬番

クラス	軸候補	相手候補	ヒモ候補	爆穴候補
新馬、未勝利	⑦②	①⑤	⑫④	⑮③
500万下	⑩⑧	⑤⑦	①⑫	⑬⑭
1000万下	⑮⑰	⑤⑧	⑥⑦	④②
1600万～ＯＰ	⑪⑫	⑥⑤	④⑯	⑧③
重賞	④⑥	⑪⑰	⑯⑮	⑤③

★＝大外の馬番

気（6・3倍）の4枠⑧レッツゴードンキ、3着が10番人気（41・7倍）の4枠⑦ナックビーナスで決着。3頭とも一ケタ馬番だったのだ。

ただし、夏の開催の4週目にあたる7、8日目は、8枠の馬が2、3着で穴をあける傾向が強い（現在、高松宮記念は6日目、CBC賞は2日目に施行）。7、8日目の8枠馬の成績は【3―11―8―66】と勝ち切れていないが、複勝率ベースで25％ある。

重賞以外のレースでは、「4枠に入った単勝15倍以上～50倍未満の馬」が狙い目。該当馬は【9―8―6―129】。単勝回収率131％、複勝回収率88％と、まずまずの成績を残している。

17年1月28日中京スポーツ杯（1000万下）では、6番人気（16・7倍）の4枠⑦ニシノラディアントが快勝した。

コース解剖⑧ 中山・芝1200m

GⅠ……スプリンターズS／GⅢ……オーシャンS

表29●中山芝1200m【重賞】枠番別成績

枠番	着別度数	勝率	連対率	複勝率	単回値	複回値
1枠	3-4-0-33/40	7.5%	17.5%	17.5%	99	60
2枠	1-3-4-32/40	2.5%	10.0%	20.0%	10	100
3枠	1-2-5-32/40	2.5%	7.5%	20.0%	17	212
4枠	5-2-1-32/40	12.5%	17.5%	20.0%	185	80
5枠	3-3-2-31/39	7.7%	15.4%	20.5%	37	44
6枠	2-0-1-37/40	5.0%	5.0%	7.5%	60	28
7枠	3-3-6-27/39	7.7%	15.4%	30.8%	65	95
8枠	2-3-1-34/40	5.0%	12.5%	15.0%	60	69

表30●中山芝1200m【重賞以外】枠番別成績

枠番	着別度数	勝率	連対率	複勝率	単回値	複回値
1枠	44-44-36-404/528	8.3%	16.7%	23.5%	93	83
2枠	34-44-43-442/563	6.0%	13.9%	21.5%	70	79
3枠	37-47-34-472/590	6.3%	14.2%	20.0%	55	66
4枠	42-38-40-497/617	6.8%	13.0%	19.4%	54	77
5枠	35-40-40-519/634	5.5%	11.8%	18.1%	73	77
6枠	55-42-50-494/641	8.6%	15.1%	22.9%	49	77
7枠	39-35-40-536/650	6.0%	11.4%	17.5%	103	66
8枠	43-40-46-524/653	6.6%	12.7%	19.8%	102	72

表31●中山芝1200m【開催日別】狙い目馬番

開催日	軸候補	相手候補	ヒモ候補	爆穴候補
1、2日目	④①	②⑥	③⑤	⑦⑮
3、4日目	①⑧	⑫③	⑮⑤	②⑨
5、6日目	②⑥	⑦⑪	⑫⑮	④★
7、8日目	④⑮	⑪⑩	⑫⑯☆	②①
9日目以降	②⑦	⑧⑤	⑨⑫	⑥④

表32●中山芝1200m【クラス別】狙い目馬番

クラス	軸候補	相手候補	ヒモ候補	爆穴候補
新馬、未勝利	④⑥	②⑭	⑪⑦	①⑤
500万下	②⑧	⑥⑮	★④	①⑩
1000万下	⑫⑩	⑨⑤	③⑦	⑪⑮
1600万～ＯＰ	①③	④⑦	⑬⑮	⑭②
重賞	⑦⑥	⑨⑩	⑬⑭	②④

★＝大外の馬番（⑯☆の場合は、フルゲート割れで⑯番がいないときに大外の馬番が該当）

●全体の出目傾向～重賞以外のレースで狙いが立つ7、8枠馬

重賞レースでは単複回収率ベースで1～4枠が優勢も、重賞以外のレースでは7、8枠の活躍が目立っている。

2018年オーシャンSでは、10番人気（単勝31・3倍）の4枠⑦キングハートが勝利を収めた。同レースは4枠の人気薄馬の激走がしばしば見られる重賞。16年は8番人気（21・3倍）の4枠⑦スノードラゴンが3着に入っている。

オーシャンSは2回開催の2週目（3日目）に行なわれるのが基本だけに、馬場状態を考えると、まだまだ一ケタ馬番が有利に作用するということだろう。

重賞以外では7、8枠の二ケタ馬番から軸を選ぶようにしたい。複勝回収率はさほど高くないが、両枠の単勝回収率とも100％を超えている。これだけの数の馬が走って、100％を超えているというのは、穴馬が1着になっていることの証明でもある。

18年1月7日中山9RサンライズS（1600万下）が好例だろう。

1着には14番人気（100・2倍）の7枠⑭アイラインが入り、2着は3番人気（7・4倍）の同じ7枠の⑬アルマエルナトが入って、馬連2万9560円、馬単7万8400円という高配当になった。うまく組み合わせれば、馬連やワイドを購入できた可能性もあったこ

とだろう。

8枠の馬も同様の傾向だ。例えば、17年12月28日中山8Rクリスマスローズ S（2歳OP）。1着1番人気（3・3倍）の7枠⑫タイセイプライド、2着2番人気（3・8倍）の8枠⑮ラストプリマドンナ、3着9番人気（48・0倍）の8枠⑭レグレドールで入線。1着ではなかったものの、8枠2頭が同時に馬券になったのだ。

コース解剖⑨中山・芝2500m

GⅠ……有馬記念／GⅡ……日経賞

●全体の出目傾向～有馬は7、8枠が鬼門、1000万下で③番イチ押し

同じ中山芝2500mの重賞でも、近年の有馬記念は基本的に堅めの決着、日経賞は波乱となることが少なくない。

その2レースを併せて集計している枠番別成績では、7、8枠は極端に悪いとまではいえない。

しかし、有馬記念がフルゲートの16頭立ての場合、8枠は過去10年で馬券圏内ゼロ。7枠は3頭馬券になっているが、その3回はすべてゴールドシップによるもの。同馬は揉まれない枠での好走が多かった馬。つまり、有馬記念で16頭立てとなった場合、実質7、8枠は消してOKということだ。

日経賞では5、6枠に入った馬が激走のカギを握る。データ集計期間後に行なわれた2018年3月24日中山11R日経賞では、1着が3番人気（5・4倍）の7枠⑬ガンコ、2着が7番人気（20・6倍）の2枠④チェスナットコート、3着が6番人気（12・3倍）の6枠⑪サクラアンプルールだった。

このコースは、重賞以外では施行条件が限られている。新馬、未勝利では現在、この距離でレースが行なわれていない（08年に3歳未勝利戦が組まれたのが最後）。

下級条件では全般的に1~3枠に入った馬を狙ったほうがいいだろう。特に1枠は重賞以外のレースで単勝回収率が148%を記録している。3枠は複勝回収率が104%という具合で、内目の枠から軸馬を選ぶのがオススメ。

馬番で絞るなら③、⑤、⑥番あたりを中心にしたい。18年3月3日潮来特別（1000万下）では、9番人気（33・4倍）で3枠③エスティームが勝利している。1000万下条件

表33●中山芝2500m【重賞】枠番別成績

枠番	着別度数	勝率	連対率	複勝率	単回値	複回値
1枠	3-4-1-20/28	10.7%	25.0%	28.6%	60	66
2枠	1-2-2-25/30	3.3%	10.0%	16.7%	29	47
3枠	1-3-1-28/33	3.0%	12.1%	15.2%	4	53
4枠	2-3-3-28/36	5.6%	13.9%	22.2%	77	68
5枠	3-4-4-26/37	8.1%	18.9%	29.7%	477	126
6枠	4-2-2-29/37	10.8%	16.2%	21.6%	24	102
7枠	2-0-5-30/37	5.4%	5.4%	18.9%	27	50
8枠	3-1-1-33/38	7.9%	10.5%	13.2%	20	72

表34●中山芝2500m【重賞以外】枠番別成績

枠番	着別度数	勝率	連対率	複勝率	単回値	複回値
1枠	11-8-5-67/91	12.1%	20.9%	26.4%	148	72
2枠	10-8-4-70/92	10.9%	19.6%	23.9%	94	67
3枠	7-7-14-74/102	6.9%	13.7%	27.5%	88	104
4枠	8-9-7-88/112	7.1%	15.2%	21.4%	70	68
5枠	7-15-13-97/132	5.3%	16.7%	26.5%	32	72
6枠	14-12-10-105/141	9.9%	18.4%	25.5%	59	63
7枠	11-8-16-117/152	7.2%	12.5%	23.0%	64	62
8枠	11-12-10-120/153	7.2%	15.0%	21.6%	78	63

表35●中山芝2500m【開催日別】狙い目馬番

開催日	軸候補	相手候補	ヒモ候補	爆穴候補
1、2日目	⑦①	⑪⑬	⑫⑨	⑩③
3、4日目	③①	⑩⑦	⑤⑨	⑧④
5、6日目	⑩⑫	⑤④	★⑥	⑦⑨
7、8日目	⑥⑦	⑪⑭	①★	④⑩
9日目以降	⑦⑪	①⑨	④⑩	②③

表36●中山芝2500m【クラス別】狙い目馬番

クラス	軸候補	相手候補	ヒモ候補	爆穴候補
500万下	①⑥	⑧⑩	③④	⑦⑨
1000万下	③⑤	②①	⑦⑫	★⑥
1600万	③⑪	⑧⑦	★①	⑩⑫
重賞	⑥⑬	⑨①	②⑦	④⑪

★＝大外の馬番。新馬、未勝利、ＯＰ特別での施行はナシ

は頭数が集まりにくい条件だが、③番の複勝率は30・6％と高い値を残す。

コース解剖⑩阪神・芝2000m

GⅠ……大阪杯
GⅢ……鳴尾記念、マーメイドS、チャレンジC

●全体の出目傾向～重賞戦線で必須の6枠馬！

2017年、大阪杯がGⅠに格上げされたコース。重賞戦線では単勝回収率ベースで1、6枠が100％を超え、複勝回収率で2枠が100％を上回る結果を残している。

ただ複勝率などを勘案すると、軸にするのであれば6枠の馬ということになるだろう。

08年以降、重賞レースで6枠が馬券にならなかった年はない（移設されたラジオNIKKEI杯2歳Sを含む）。また、人気馬というよりは中穴タイプの馬が馬券になりやすい。

17年チャレンジCは1着が1番人気（単勝3・5倍）の3枠③サトノクロニクル、2着5番人気（8・5倍）の6枠⑧デニムアンドルビー、3着2番人気（3・7倍）の5枠⑥ブレスジャーニーでの決着だった。

表37●阪神芝2000m【重賞】枠番別成績

枠番	着別度数	勝率	連対率	複勝率	単回値	複回値
1枠	4-0-2-38/44	9.1%	9.1%	13.6%	139	53
2枠	1-3-7-36/47	2.1%	8.5%	23.4%	3	125
3枠	5-5-4-41/55	9.1%	18.2%	25.5%	43	57
4枠	3-4-7-43/57	5.3%	12.3%	24.6%	11	92
5枠	5-6-4-49/64	7.8%	17.2%	23.4%	47	66
6枠	5-7-5-51/68	7.4%	17.6%	25.0%	202	95
7枠	6-9-3-52/70	8.6%	21.4%	25.7%	38	81
8枠	8-3-5-55/71	11.3%	15.5%	22.5%	92	60

表38●阪神芝2000m【重賞以外】枠番別成績

枠番	着別度数	勝率	連対率	複勝率	単回値	複回値
1枠	32-25-25-299/381	8.4%	15.0%	21.5%	53	68
2枠	33-33-44-295/405	8.1%	16.3%	27.2%	50	83
3枠	31-43-27-326/427	7.3%	17.3%	23.7%	59	71
4枠	34-43-43-330/450	7.6%	17.1%	26.7%	71	93
5枠	42-40-40-353/475	8.8%	17.3%	25.7%	70	87
6枠	45-32-44-391/512	8.8%	15.0%	23.6%	61	81
7枠	40-37-40-425/542	7.4%	14.2%	21.6%	62	53
8枠	42-45-34-438/559	7.5%	15.6%	21.6%	127	70

表39●阪神芝2000m【開催日別】狙い目馬番

開催日	軸候補	相手候補	ヒモ候補	爆穴候補
1、2日目	①③	⑩④	⑤⑧	★⑥
3、4日目	②⑧	⑦⑮	⑯☆⑭	④⑩
5、6日目	⑦③	⑥⑩	⑭★	①④
7、8日目	★⑫	⑬⑧	⑦②	③⑤
9日目以降	⑧③	④①	★⑩	⑪⑥

表40●阪神芝2000m【クラス別】狙い目馬番

クラス	軸候補	相手候補	ヒモ候補	爆穴候補
新馬、未勝利	①⑦	⑧⑤	⑥⑭	★③
500万下	⑦④	⑮⑯☆	⑩③	⑧⑤
1000万下	⑨②	⑦★	③④	⑧①
1600万～ＯＰ	⑤⑦	①③	⑫⑬	⑧⑥
重賞	⑧③	⑬★	⑨⑩	⑪②

★＝大外の馬番（⑯☆の場合は、フルゲート割れで⑯番がいないときに大外の馬番が該当）

本項執筆中には大阪杯の結果は出ていないが、6枠が馬券になっていれば、積極的にこれ以降も狙っていきたい。まだGⅡ時代だったが、16年大阪杯では5番人気（6・2倍）の6枠⑦キタサンブラックが2着に入っている。

重賞以外のレースでは、2枠の複勝率が27・2％と高い値になっているが、単勝回収率が127％を超える8枠にも注目したい。ただ、ムラ傾向なのは確かなので、複勝率が70％を超える1番人気馬以外はヒモで十分。

1番人気馬の8枠成績は【13―14―6―14】。勝ち切れてはいないものの、連対率57・4％、複勝率70・2％というように、水準以上の成績を残している。

馬番ベースでは、重賞以外なら③、④番に注意が必要。データ集計期間外だが、18年若葉Sでは11番人気（33・4倍）の3枠③ロードアクシスが3着に入ったのは、先に紹介した通りだ。

コース解剖⑪ 阪神・芝2200m

GⅠ……宝塚記念

●全体の出目傾向〜宝塚記念とそれ以外では真逆の方向

重賞はGIの宝塚記念のみ施行される。宝塚記念といえば8枠馬の激走。過去10年で6勝を8枠の馬が挙げているのだ。

時期的に18頭立てのフルゲートになることが少ないということも影響しているのかもしれないが、2013年は2番人気（単勝2・9倍）の8枠⑩ゴールドシップが1着、1番人気（2・4倍）の8枠⑪ジェンティルドンナ3着と2頭が馬券になっている。

14年は1番人気（2・7倍）の8枠⑫ゴールドシップが1着、15年は6番人気（14・1倍）8枠⑮ラブリーデイが1着、16年は8番人気（25・1倍）8枠⑯マリアライトが1着、17年は3番人気（9・0倍）8枠⑪サトノクラウンが1着。このように、5年連続して勝利馬を輩出しているのだ。

一方、宝塚記念で1〜5枠はまず勝てない。11年のアーネストリーが1枠②で勝利したのを最後に勝利はないのだ。ただ、不思議と6〜8枠は1、3着があるものの、2着ナシという状況。そういった意味で、内枠は2着付けの馬単、3連単が有効的なのだ。

宝塚記念以外では、様相が一変するのも阪神芝2200mの特徴といっていい。宝塚記念では圧倒的強さを誇る8枠は、まったく買えないという数字ではないが、複勝率ベースでは

表41●阪神芝2200m【重賞】枠番別成績

枠番	着別度数	勝率	連対率	複勝率	単回値	複回値
1枠	1-0-4-10/15	6.7%	6.7%	33.3%	90	198
2枠	0-2-2-11/15	0.0%	13.3%	26.7%	0	66
3枠	0-1-1-15/17	0.0%	5.9%	11.8%	0	85
4枠	0-4-0-13/17	0.0%	23.5%	23.5%	0	45
5枠	0-3-0-15/18	0.0%	16.7%	16.7%	0	61
6枠	3-0-0-17/20	15.0%	15.0%	15.0%	108	32
7枠	0-0-2-18/20	0.0%	0.0%	10.0%	0	28
8枠	6-0-1-15/22	27.3%	27.3%	31.8%	416	110

表42●阪神芝2200m【重賞以外】枠番別成績

枠番	着別度数	勝率	連対率	複勝率	単回値	複回値
1枠	14-10-9-105/138	10.1%	17.4%	23.9%	105	66
2枠	18-11-15-104/148	12.2%	19.6%	29.7%	70	79
3枠	8-13-15-121/157	5.1%	13.4%	22.9%	20	57
4枠	16-10-13-123/162	9.9%	16.0%	24.1%	113	106
5枠	14-19-12-128/173	8.1%	19.1%	26.0%	60	56
6枠	10-14-20-140/184	5.4%	13.0%	23.9%	64	74
7枠	17-14-18-168/217	7.8%	14.3%	22.6%	66	82
8枠	12-18-7-189/226	5.3%	13.3%	16.4%	45	54

表43●阪神芝2200m【開催日別】狙い目馬番

開催日	軸候補	相手候補	ヒモ候補	爆穴候補
1、2日目	②⑤	⑥⑬	④⑦	①③
3、4日目	②①	⑱☆⑤	⑪⑫	④⑥
5、6日目	④⑤	⑬⑧	②⑥	⑧⑪
7、8日目	⑫⑨	⑧⑪	★⑥	⑯③
9日目以降	④③	②⑨	⑪⑬	⑫①

表44●阪神芝2200m【クラス別】狙い目馬番

クラス	軸候補	相手候補	ヒモ候補	爆穴候補
未勝利	②③	⑤⑫	⑱☆⑮	⑬⑩
500万下	④①	⑥⑦	⑧②	⑩⑪
1000万下	②⑥	⑤④	⑨⑫	⑬③
1600万～OP	⑤⑥	②①	⑦⑧	③④
重賞	②⑧	⑪★	⑯⑨	③②

★＝大外の馬番（⑱☆の場合は、フルゲート割れで⑱番がいないときに大外の馬番が該当）。新馬戦は施行ナシ

唯一、20％台を割り込んでいる。単複回収率もさほど高くない。

そこで狙い目なのが4枠だ。単複回収率が１００％を超えて安定しているし、一発の魅力もある。

１枠も勝率は2枠に次ぐ値だが、単勝回収率が１００％を超えており、１着付けの馬券に妙味あり。宝塚記念とそれ以外のレースでは、出目傾向が異なっているというのは覚えておいて損はない。

コース解剖⑫ 京都・芝2000m

GⅠ……秋華賞／GⅢ……京都2歳S

●全体の出目傾向～秋華賞で覚えておきたい1、8枠の扱い

内回りコースを使用するため、Ａコース使用時でも直線は３２８ｍと短い。重賞やＧⅠともなると、距離ロスの多い8枠はマイナスだ。ただし、重賞では1枠馬の勝利はない。

２０１７年秋華賞では1番人気（単勝３・６倍）に推されていた1枠①アエロリットも7

表45●京都芝2000m【重賞】枠番別成績

枠番	着別度数	勝率	連対率	複勝率	単回値	複回値
1枠	0-5-2-20/27	0.0%	18.5%	25.9%	0	78
2枠	2-3-3-19/27	7.4%	18.5%	29.6%	122	84
3枠	3-2-2-21/28	10.7%	17.9%	25.0%	61	57
4枠	3-1-1-23/28	10.7%	14.3%	17.9%	54	35
5枠	0-2-2-25/29	0.0%	6.9%	13.8%	0	52
6枠	2-2-2-23/29	6.9%	13.8%	20.7%	83	63
7枠	4-0-3-32/39	10.3%	10.3%	17.9%	32	244
8枠	2-1-1-37/41	4.9%	7.3%	9.8%	20	17

表46●京都芝2000m【重賞以外】枠番別成績

枠番	着別度数	勝率	連対率	複勝率	単回値	複回値
1枠	43-35-46-351/475	9.1%	16.4%	26.1%	57	88
2枠	51-36-46-373/506	10.1%	17.2%	26.3%	75	68
3枠	45-38-49-395/527	8.5%	15.7%	25.0%	62	71
4枠	45-44-41-435/565	8.0%	15.8%	23.0%	93	67
5枠	45-57-48-446/596	7.6%	17.1%	25.2%	104	87
6枠	47-59-51-483/640	7.3%	16.6%	24.5%	56	67
7枠	56-52-54-549/711	7.9%	15.2%	22.8%	58	62
8枠	58-67-54-583/762	7.6%	16.4%	23.5%	62	76

表47●京都芝2000m【開催日別】狙い目馬番

開催日	軸候補	相手候補	ヒモ候補	爆穴候補
1、2日目	③⑩	★④	⑤⑪	⑫⑬
3、4日目	④②	⑤★	⑨⑩	⑦①
5、6日目	①④	⑮③	★②	⑥⑦
7、8日目	⑬⑨	②①	★⑤	⑥⑯
9日目以降	④⑥	①⑬	③⑦	⑨⑩

表48●京都芝2000m【クラス別】狙い目馬番

クラス	軸候補	相手候補	ヒモ候補	爆穴候補
新馬、未勝利	⑨⑥	⑦⑬	★①	④⑧
500万下	⑤④	⑥②	⑪★	③⑩
1000万下	⑨①	⑦⑤	②⑫	⑩⑬
1600万～OP	④②	①⑧	⑦★	③⑪
重賞	④①	⑮⑨	③⑥	⑧⑮

★＝大外馬番

着に敗れている。ローズSを制していた6番人気（9・3倍）の1枠②ラビットランも4着に留まってしまった。

16年も2番人気（3・9倍）のジュエラーが4着というように、人気馬が入っても勝てていないのだ。秋華賞では14年以降、1枠に入った馬の馬券圏内はない。

ただし重賞全体で見れば、1枠馬の2、3着の回数は複勝率が示している通り、ヒモで押さえる必要があるだろう。頭数が揃いにくい京都2歳Sでは過去4年で2頭が2、3着している。

また、8枠馬は2勝しているが、勝利したのは13年秋華賞8枠⑯メイショウマンボ、15年秋華賞8枠⑱ミッキークイーンの2頭のみ。この2頭は春の段階でオークスを勝っている馬で〝モノが違った〟可能性もある。

ちなみに17年は2番人気（5・6倍）に推された8枠⑰ファンディーナも出走したが、13着に敗れている。春のクラシックシーズンでGⅠタイトルを獲得しているような馬でなければ厳しいというのは確かだろう。

一方、重賞以外のレースでは、8枠が大きなマイナスにならないのも事実。多頭数戦になりにくい条件ということもあるかもしれないが、大きく割引かないよう注意したい。

重賞以外では中目の4、5枠馬を中心に馬券を組み立てると、思わぬ高配当が的中する可能性もある。

コース解剖⑬京都・芝2200m

GⅠ……エリザベス女王杯
GⅡ……京都新聞杯、京都記念

●全体の出目傾向〜重賞の軸には⑪番がアツイ!

外回りコースを使用するため、枠順による大きな差はないとされているが、重賞では外目の枠に入った馬が狙い目となることが多い。

京都芝2000mとは距離にすれば、たった1F違うだけだが、内回りと外回りコースの違いというだけで、傾向は大きく異なってくる。

また、出目傾向として、重賞では7枠馬が勝てていないのも特徴的である。2015年京都記念では1番人気(単勝1・8倍)に推された7枠⑧ハープスターが5着に敗れている。このレースは11頭立てだったため、7枠といっても大きな不利がある枠ではなかったはず。

表49●京都芝2200m【重賞】枠番別成績

枠番	着別度数	勝率	連対率	複勝率	単回値	複回値
1枠	1-4-2-40/47	2.1%	10.6%	14.9%	14	23
2枠	7-1-4-38/50	14.0%	16.0%	24.0%	73	65
3枠	5-4-5-37/51	9.8%	17.6%	27.5%	80	62
4枠	4-4-4-42/54	7.4%	14.8%	22.2%	185	104
5枠	1-3-3-49/56	1.8%	7.1%	12.5%	5	38
6枠	6-4-4-44/58	10.3%	17.2%	24.1%	79	102
7枠	0-7-3-60/70	0.0%	10.0%	14.3%	0	38
8枠	7-4-6-55/72	9.7%	15.3%	23.6%	122	70

表50●京都芝2200m【重賞以外】枠番別成績

枠番	着別度数	勝率	連対率	複勝率	単回値	複回値
1枠	14-13-13-123/163	8.6%	16.6%	24.5%	118	74
2枠	15-19-11-123/168	8.9%	20.2%	26.8%	57	73
3枠	17-14-16-129/176	9.7%	17.6%	26.7%	124	78
4枠	12-14-13-147/186	6.5%	14.0%	21.0%	140	70
5枠	19-8-18-154/199	9.5%	13.6%	22.6%	75	94
6枠	10-13-12-179/214	4.7%	10.7%	16.4%	24	36
7枠	14-15-18-184/231	6.1%	12.6%	20.3%	118	85
8枠	17-22-17-180/236	7.2%	16.5%	23.7%	83	107

しかし、あっさりと5着に敗れてしまった。

16年エリザベス女王杯以降は、それほど人気馬も7枠に入っていないが、依然として馬券圏内ナシという状況だ。

重賞の馬番での注目は⑪番。【5―5―0―17】という具合で、複勝率37・0%を記録。08年以降、対象となる3重賞で一度も馬券にならなかったのは15年のみ。京都記念などは11頭に満たないケースもザラであることを考えると、いかに⑪番が京都芝2200mの重賞で活躍しているのかがわかる。

表51●京都芝2200m【開催日別】狙い目馬番

開催日	軸候補	相手候補	ヒモ候補	爆穴候補
1、2日目	④⑥	⑤⑨	①②	③⑦
3、4日目	⑤①	⑩⑮	★③	④⑨
5、6日目	②⑥	⑪①	④⑤	⑩⑯
7、8日目	⑫⑬	⑭⑤	⑦⑩	②⑨
9日目以降	⑧②	⑭③	①④	⑥★

表52●京都芝2200m【クラス別】狙い目馬番

クラス	軸候補	相手候補	ヒモ候補	爆穴候補
未勝利	④①	⑧②	⑤⑭	⑮★
500万下	⑩⑤	⑦⑭	①★	⑥⑫
1000万下	②④	③★	①⑤	⑨⑩
1600万下	②③	⑨⑫	⑧④	⑥⑪
重賞	⑪⑤	⑥⑫	★⑨	⑩④

★＝大外馬番。新馬戦、ＯＰ特別の施行ナシ

18年京都記念は10頭立てで行なわれたため、残る京都新聞杯、エリザベス女王杯で⑪番を狙う手はありそうだ。

重賞以外のレースでは、複勝率ベースでは3枠以内が優勢も、8枠も2、3着なら狙える馬が多い。

波乱傾向の強いコースなので、迷ったら8枠の人気薄馬を2、3着付けで購入してみる手はあるだろう。特に開催が進む7、8日目あたりは二ケタ馬番の出現が目立つので要注意だ。

コース解剖⑭ 東京・ダート1600m

GⅠ……フェブラリーS
GⅢ……武蔵野S、ユニコーンS

●全体の出目傾向〜7枠から軸選び、馬番なら⑬番が要注意

スタート直後は芝を走るため、枠による有利不利が大きいとされている。スタート時の芝を走る距離は外枠のほうが長いため、内枠が不利とされるが傾向通りの結果が出た。

重賞も重賞以外のレースでも、1枠は複勝率ベースで最下位となっているし、単複回収率

も軒並み低い値となっている。

しかし、重賞では8枠が必ずしも有利とは限らない。フルゲート（16頭）で行なわれることも多く、スタートでのメリットはあっても、距離ロスの壁はついて回るのも事実なのだ。

重賞では6、7枠に入った馬を軸にしよう。この2枠に入った1番人気馬は【4－4－2－3】と勝ち切れてはいないものの、堅実に走っており複勝率76・9％を記録している。7枠の単勝回収率が極端に高いのは、2014年フェブラリーSにおいて、16番人気（単勝272・1倍）の7枠⑬コパノリッキーが逃げ切って勝利を挙げたため。

もちろん、コパノリッキーだけではなく、穴馬が勝つことが目立っている。17年武蔵野Sでは6番人気（13・9倍）の7枠⑬インカンテーションが勝利を挙げた。

重賞以外のレースでは複勝率トップとなるのは8枠だが、その差はわずかだし、単複回収率を考えれば7枠を軸にしたい。重賞、重賞以外でも7枠に入った馬を軸にして、高配当を狙っていこう。

馬番でいえば⑬番が狙い目となりやすい。武蔵野Sも勝利したのは7枠⑬インカンテーションだったし、コパノリッキーも7枠⑬番での激走だった。

頭数によって枠は変わってしまう場合があるものの、基本的には⑬番はすべてのレースで

表53●東京ダート1600m【重賞】枠番別成績

枠番	着別度数	勝率	連対率	複勝率	単回値	複回値
1枠	1-4-3-53/61	1.6%	8.2%	13.1%	10	40
2枠	6-3-5-49/63	9.5%	14.3%	22.2%	47	86
3枠	3-1-6-54/64	4.7%	6.3%	15.6%	25	53
4枠	3-5-3-53/64	4.7%	12.5%	17.2%	38	76
5枠	1-5-5-52/63	1.6%	9.5%	17.5%	7	45
6枠	10-1-3-50/64	15.6%	17.2%	21.9%	146	52
7枠	4-8-4-48/64	6.3%	18.8%	25.0%	457	105
8枠	4-5-4-51/64	6.3%	14.1%	20.3%	94	86

表54●東京ダート1600m【重賞以外】枠番別成績

枠番	着別度数	勝率	連対率	複勝率	単回値	複回値
1枠	67-74-94-1463/1698	3.9%	8.3%	13.8%	25	55
2枠	94-94-120-1463/1771	5.3%	10.6%	17.4%	41	66
3枠	124-94-125-1512/1855	6.7%	11.8%	18.5%	70	68
4枠	137-120-141-1510/1908	7.2%	13.5%	20.9%	61	71
5枠	154-153-110-1530/1947	7.9%	15.8%	21.4%	80	82
6枠	132-147-126-1573/1978	6.7%	14.1%	20.5%	63	75
7枠	142-165-148-1537/1992	7.1%	15.4%	22.8%	92	87
8枠	157-162-139-1542/2000	7.8%	15.9%	22.9%	70	85

表55●東京ダート1600m【開催日別】狙い目馬番

開催日	軸候補	相手候補	ヒモ候補	爆穴候補
1、2日目	⑧②	①⑬	⑭⑯☆	⑩⑨
3、4日目	⑨⑯☆	⑪③	⑭⑮	⑩⑦
5、6日目	⑩⑪	⑮⑭	⑥⑦	③⑫
7、8日目	⑩⑭	⑮⑯☆	⑫⑪	⑦⑨
9日目以降	⑥①	⑩⑫	⑪⑯☆	⑧④

表56●東京ダート1600m【クラス別】狙い目馬番

クラス	軸候補	相手候補	ヒモ候補	爆穴候補
新馬、未勝利	⑪⑬	⑭⑩	⑨★	②⑦
500万下	⑯☆⑮	⑩⑪	⑦③	④⑫
1000万下	③⑥	⑭★	⑧⑦	⑫⑮
1600万～OP	⑩⑥	②⑪	④⑧	⑨⑫
重賞	⑬⑪	④⑥	⑭③	⑤⑨

★＝大外の馬番（⑯☆の場合は、フルゲート割れで⑯番がいないときに大外の馬番が該当）

拾っておきたい。

コース解剖⑮ 中京・ダート1800m

GⅠ……チャンピオンズC／GⅡ……東海S

●全体の出目傾向〜重賞以外なら8枠中心の大波乱馬券が狙い

重賞は移設されたり距離変更があったりで、対象レースはそれほど多くないが（東海S6回、チャンピオンズC4回）、ある程度の傾向は出てきている。

基本的には4、5枠といった中目の枠の好走が目立つ。2013年以降、チャンピオンズCか東海Sのどちらかで必ず1頭、4枠または5枠の馬が馬券になっているのだ。

16年チャンピオンズCでは、6番人気（単勝15・9倍）の5枠⑨サウンドトゥルーが勝利。17年の同レースでは、8番人気（13・0倍）の5枠⑨ゴールドドリームが勝利を挙げた。2年連続して単勝10倍台の中穴馬が勝利したことになる。必ずしも1、2番人気馬が入っていたわけではないことに注目だ。

表57●中京ダート1800m【重賞】枠番別成績

枠番	着別度数	勝率	連対率	複勝率	単回値	複回値
1枠	0-1-2-14/17	0.0%	5.9%	17.6%	0	66
2枠	1-3-2-12/18	5.6%	22.2%	33.3%	368	207
3枠	0-1-3-15/19	0.0%	5.3%	21.1%	0	101
4枠	4-0-0-15/19	21.1%	21.1%	21.1%	64	30
5枠	3-1-1-15/20	15.0%	20.0%	25.0%	178	73
6枠	0-1-1-18/20	0.0%	5.0%	10.0%	0	23
7枠	1-2-1-16/20	5.0%	15.0%	20.0%	8	70
8枠	1-1-0-17/19	5.3%	10.5%	10.5%	34	37

表58●中京ダート1800m【重賞以外】枠番別成績

枠番	着別度数	勝率	連対率	複勝率	単回値	複回値
1枠	38-36-38-425/537	7.1%	13.8%	20.9%	80	74
2枠	42-41-57-432/572	7.3%	14.5%	24.5%	60	83
3枠	44-33-26-499/602	7.3%	12.8%	17.1%	70	60
4枠	43-32-45-512/632	6.8%	11.9%	19.0%	58	56
5枠	48-46-38-526/658	7.3%	14.3%	20.1%	73	66
6枠	45-54-46-522/667	6.7%	14.8%	21.7%	83	87
7枠	40-54-47-537/678	5.9%	13.9%	20.8%	67	89
8枠	44-48-48-544/684	6.4%	13.5%	20.5%	136	78

表59●中京ダート1800m【開催日別】狙い目馬番

開催日	軸候補	相手候補	ヒモ候補	爆穴候補
1、2日目	⑧④	②⑨	⑩⑮	①③
3、4日目	⑭⑪	⑥⑧	①④	⑩⑨
5、6日目	⑪⑩	★⑮	⑦⑧	⑥③
7、8日目	②⑥	⑭⑫	⑨③	①⑪

表60●中京ダート1800m【クラス別】狙い目馬番

クラス	軸候補	相手候補	ヒモ候補	爆穴候補
新馬、未勝利	⑧⑩	⑪⑬	⑭③	④①
500万下	②⑬	⑧⑦	⑨④	③⑤
1000万下	⑩⑧	⑦①	④⑪	⑫①
1600万～ＯＰ	⑧⑥	③⑮	★④	①⑩
重賞	④⑧	⑥⑬	⑭③	②⑫

★＝大外の馬番

重賞以外のレースでは特段、目立つ枠や馬番ないものの、単勝回収率が136％となる8枠には一応の注意を払う必要はありそう。

17年12月3日中京7R（3歳上500万下）では、1着が15番人気（450・1倍）の8枠⑮ディスカバー、2着6番人気（15・1倍）7枠⑭スズカフューラー、3着14番人気（233・8倍）6枠⑪メイショウナンプウで決着し、馬連36万5760円、馬単42万2310円、3連複550万8830円、3連単2294万6150円が飛び出したこともある。

もちろん、これは極端な例といっていいが、中京ダート1800m戦では、8枠の馬を中心にした二ケタ馬番同士による大波乱決着というレースは少なくない。

重賞以外では、レース全体の単勝回収率が79％と高め（高いほど波乱傾向を示す）なので、迷ったときには8枠の馬を中心に振り回してみるといいだろう。

コース解剖⑯ 札幌・芝2000m

GⅡ……札幌記念

表61●札幌芝2000m【重賞】枠番別成績

枠番	着別度数	勝率	連対率	複勝率	単回値	複回値
1枠	1-0-1-12/14	7.1%	7.1%	14.3%	142	50
2枠	1-2-1-11/15	6.7%	20.0%	26.7%	188	136
3枠	1-2-5-9/17	5.9%	17.6%	47.1%	14	132
4枠	1-2-0-16/19	5.3%	15.8%	15.8%	65	24
5枠	2-2-0-15/19	10.5%	21.1%	21.1%	85	70
6枠	1-1-3-15/20	5.0%	10.0%	25.0%	55	84
7枠	1-0-0-19/20	5.0%	5.0%	5.0%	86	16
8枠	2-1-0-17/20	10.0%	15.0%	15.0%	47	24

表62●札幌芝2000m【重賞以外】枠番別成績

枠番	着別度数	勝率	連対率	複勝率	単回値	複回値
1枠	13-25-25-174/237	5.5%	16.0%	26.6%	29	92
2枠	20-23-17-189/249	8.0%	17.3%	24.1%	35	75
3枠	26-11-14-208/259	10.0%	14.3%	19.7%	89	60
4枠	17-20-20-210/267	6.4%	13.9%	21.3%	75	64
5枠	20-18-17-218/273	7.3%	13.9%	20.1%	87	68
6枠	22-12-21-224/279	7.9%	12.2%	19.7%	64	65
7枠	15-22-17-224/278	5.4%	13.3%	19.4%	54	72
8枠	15-18-17-240/290	5.2%	11.4%	17.2%	76	64

表63●札幌芝2000m【開催日別】狙い目馬番

開催日	軸候補	相手候補	ヒモ候補	爆穴候補
1、2日目	②①	④⑮	③⑤	⑧⑫
3、4日目	③⑦	⑨⑫	⑭②	①⑦
5、6日目	⑨②	③⑪	⑯☆⑭	①⑫

7日目以降の施行はナシ

表64●札幌芝2000m【クラス別】狙い目馬番

クラス	軸候補	相手候補	ヒモ候補	爆穴候補
未勝利	⑤②	③①	⑨⑫	④⑧
500万下	①⑦	⑨⑭	★③	⑥④
1000万下	⑨②	④⑪	③⑧	⑥⑦
1600万下	⑧③	⑪⑫	⑮④	②⑥
重賞	⑤③	④⑯	⑦⑨	①⑪

★＝大外の馬番（⑯☆の場合は、フルゲート割れで⑯番がいないときに大外の馬番が該当）。新馬、ＯＰ特別は施行ナシ

●全体の出目傾向～2、3枠が穴をあける札幌記念

重賞は札幌記念のみの開催だが2009年にGⅡに昇格し、多くのGⅠ馬の参戦が見られるなど、夏場の大レースのひとつとなっている。

札幌記念では2、3枠の2、3着が目立っている。17年札幌記念では1着こそ6番人気（単勝19・9倍）の1枠①サクラアンプルールだったが、2着に12番人気（68・1倍）2枠②ナリタハリケーン、3着に1番人気（2・7倍）3枠③ヤマカツエースが入った。3連複2万7630円、3連単20万1410円という配当。

1番人気の3枠③ヤマカツエースを軸にして、馬券を購入すればひょっとすると、3連複なら的中させることは可能だっただろうし、3枠は2、3着が多いということを理解していれば、3連単奪取も夢ではなかったはず。

15年札幌記念でも、1着は5番人気（11・1倍）の6枠⑪ディサイファだったが、2着8番人気（29・8倍）3枠⑤ヒットザターゲット、3着4番人気（9・6倍）3枠④ダービーフィズが入って、3連複3万3670円、3連単23万2540円という高配当となっている。

札幌記念ではまず、2枠、3枠に穴馬がいないか探してみよう。

それ以外のレースでは、基本的に内枠の複勝率が高めとなっているが勝ち切れていないこ

ともあり、単勝回収率は案外と低い値を示している。

ただ、札幌芝2000mの条件戦における①番の成績は【8—13—20—107】(勝率5・4%、連対率14・2%、複勝率27・7%)。勝ち切れてはいないため単勝回収率は27%と低いが、複勝回収率は109%を記録。

もしフルゲートで1枠に2頭いる場合は、思い切って①番を軸にしよう。穴馬の2、3着というケースが目立っているからだ。

コース解剖⑰函館・芝1200m

GⅢ……函館スプリントS、函館2歳S

●全体の出目傾向～複勝率も単複回収率も高い3枠が狙い

函館芝レースで最も多く組まれる距離が芝1200m戦だ。重賞は函館スプリントSと函館2歳Sが行なわれる。

重賞、重賞以外のレースを含めて狙い目となるのが3枠だ。重賞では複勝率が33・3%と高く、単複回収率も100％を超している。重賞以外のレースでも3枠は複勝回収率が1枠に続く高さだし、単勝回収率108％、複勝回収率94％という具合で、穴馬も激走しているのだ。

馬場改修の2010年以降は、両重賞のどちらかで、必ず3枠馬が馬券圏内をキープしている。

・10年函館SS……3枠⑤アポロフェニックス（5番人気）3着
・11年函館SS……3枠③テイエムオオタカ（3番人気）2着
・12年函館2歳S…3枠⑥コスモシルバード（5番人気）2着
・13年函館SS……3枠⑤シュプリームギフト（5番人気）2着
・14年函館SS……3枠③ガルボ（8番人気）1着
・14年函館2歳S…3枠⑥タケデンタイガー（11番人気）2着
・15年函館2歳S…3枠⑥ヒルダ（10番人気）3着
・16年函館2歳S…3枠⑥モンドキャンノ（1番人気）2着
…3枠⑤タイムトリップ（13番人気）3着
・17年函館SS……3枠③キングハート（4番人気）2着

表65●函館芝1200m【重賞】枠番別成績

枠番	着別度数	勝率	連対率	複勝率	単回値	複回値
1枠	3-4-3-20/30	10.0%	23.3%	33.3%	48	84
2枠	2-1-4-25/32	6.3%	9.4%	21.9%	29	70
3枠	2-6-3-22/33	6.1%	24.2%	33.3%	114	168
4枠	0-2-3-31/36	0.0%	5.6%	13.9%	0	67
5枠	3-0-0-34/37	8.1%	8.1%	8.1%	36	14
6枠	5-3-2-27/37	13.5%	21.6%	27.0%	80	87
7枠	2-2-1-32/37	5.4%	10.8%	13.5%	67	69
8枠	2-1-3-32/38	5.3%	7.9%	15.8%	109	120

表66●函館芝1200m【重賞以外】枠番別成績

枠番	着別度数	勝率	連対率	複勝率	単回値	複回値
1枠	45-58-55-388/546	8.2%	18.9%	28.9%	57	102
2枠	43-45-41-437/566	7.6%	15.5%	22.8%	71	75
3枠	46-58-52-439/595	7.7%	17.5%	26.2%	108	94
4枠	52-46-51-478/627	8.3%	15.6%	23.8%	94	88
5枠	48-49-54-503/654	7.3%	14.8%	23.1%	132	74
6枠	64-42-43-530/679	9.4%	15.6%	21.9%	86	74
7枠	52-48-56-545/701	7.4%	14.3%	22.3%	45	66
8枠	44-45-39-587/715	6.2%	12.4%	17.9%	34	53

表67●函館芝1200m【開催日別】狙い目馬番

開催日	軸候補	相手候補	ヒモ候補	爆穴候補
1、2日目	⑥①	⑨★	②⑤	④⑩
3、4日目	⑥⑦	①⑬	④⑧	②⑨
5、6日目	①⑧	⑦⑫	⑤⑥	④⑪

7日目以降の施行はナシ

表68●函館芝1200m【クラス別】狙い目馬番

クラス	軸候補	相手候補	ヒモ候補	爆穴候補
新馬、未勝利	⑥⑦	①⑨	⑪②	⑤④
500万下	④①	⑦⑨	⑤⑥	⑧⑫
1000万下	⑨⑥	⑦⑬	⑪③	⑤⑬
1600万下～OP	⑪③	①⑫	②⑦	⑥⑤
重賞	①⑯☆	③⑥	⑨⑪	④⑬

★＝大外の馬番（⑯☆の場合は、フルゲート割れで⑯番がいないときに大外の馬番が該当）

上位人気馬だけではなく、人気薄馬の激走も目立つ。函館芝1200m戦では、迷ったら3枠の馬を軸にすれば、思わぬ高配当馬券が的中できそうだ。

馬番ベースでは⑤、⑥、⑦、⑨番が狙い目。この4つの馬番は、単複回収率のどちらかが100%を超しており激走が目立っている。

コース解剖⑱ 福島・芝2000m

GⅢ……七夕賞、福島記念

●全体の出目傾向〜重賞で上位人気が二ケタ馬番だと波乱!?

重賞と重賞以外では、8枠の出現数に大きな違いがある。重賞では8枠は未勝利に終わっている。一方、重賞以外のレースでは8枠の勝率は低くない。

また、重賞では6〜8枠が複勝率20%を下回っているが、それ以外のレースでは不利という傾向は出ていないのだ。

重賞レースは東日本大震災を除く2011年以外で18レース施行され、⑥番以内の馬が11

表69●福島芝2000m【重賞】枠番別成績

枠番	着別度数	勝率	連対率	複勝率	単回値	複回値
1枠	3-2-3-25/33	9.1%	15.2%	24.2%	82	87
2枠	3-2-2-28/35	8.6%	14.3%	20.0%	68	67
3枠	5-1-1-28/35	14.3%	17.1%	20.0%	432	109
4枠	2-3-4-26/35	5.7%	14.3%	25.7%	73	179
5枠	2-3-2-28/35	5.7%	14.3%	20.0%	77	84
6枠	2-3-1-30/36	5.6%	13.9%	16.7%	21	68
7枠	1-3-2-30/36	2.8%	11.1%	16.7%	12	34
8枠	0-1-4-30/35	0.0%	2.9%	14.3%	0	70

表70●福島芝2000m【重賞以外】枠番別成績

枠番	着別度数	勝率	連対率	複勝率	単回値	複回値
1枠	31-24-33-303/391	7.9%	14.1%	22.5%	78	71
2枠	26-28-35-328/417	6.2%	12.9%	21.3%	47	75
3枠	31-34-23-348/436	7.1%	14.9%	20.2%	57	71
4枠	28-28-29-364/449	6.2%	12.5%	18.9%	81	63
5枠	34-31-30-373/468	7.3%	13.9%	20.3%	68	88
6枠	37-37-30-375/479	7.7%	15.4%	21.7%	77	81
7枠	28-32-38-393/491	5.7%	12.2%	20.0%	90	71
8枠	34-35-32-396/497	6.8%	13.9%	20.3%	72	64

勝を挙げている。⑨番以内まで広げると16勝というように、二ケタ馬番の馬ではまず1着が見込めない。

この2重賞で二ケタ馬番に上位人気馬が入ると危険。1番人気【1—2—0—5】、2番人気【1—0—3—5】、3番人気【0—2—0—6】という状況で、複勝率は36・0%しかない。二ケタ馬番に人気馬が入ると、波乱のサイン点灯といったほうがいいだろう。

付け加えると、重賞レースでは二ケタ馬番で、3番人気以下の馬が勝ったこともないのだ。

表71●福島芝2000m【開催日別】狙い目馬番

開催日	軸候補	相手候補	ヒモ候補	爆穴候補
1、2日目	①⑤	⑭②	⑬③	⑨⑥
3、4日目	①⑨	⑦②	④⑩	⑬⑮
5、6日目	⑨⑧	④⑪	⑬①	⑫★
7、8日目	⑧⑮	⑥⑦	④②	③⑬

9日目以降の施行はナシ

表72●福島芝2000m【クラス別】狙い目馬番

クラス	軸候補	相手候補	ヒモ候補	爆穴候補
新馬、未勝利	①⑨	⑬⑮	★⑥	②④
500万下	④⑧	⑩⑭	②⑥	⑤⑫
1000万下	①⑥	⑨⑩	⑪⑭	★③
1600万～OP	⑭⑤	⑯☆②	⑧⑨	⑦⑪
重賞	④⑧	⑨⑬	①⑦	②⑥

★＝大外の馬番（⑯☆の場合は、フルゲート割れで⑯番がいないときに大外の馬番が該当）

重賞以外のレースでは、外枠が不利というデータはない。単複回収率を考えると、むしろ7枠は買いといっていいはずだ。馬番別成績を見ても、⑭番は単勝回収率が１４６％と高く、重賞以外では買い目に入れておいたほうがいいだろう。

また、1枠は1、2番人気馬が入った際は勝ち切る傾向だ。重賞以外の福島芝２０００ｍ戦で1枠に1、2番人気馬が入った際の成績は【21―6―8―23】というもの。重賞以外で1枠が挙げた勝利数の約70％に近い勝ち星を1、2番人気で稼いでいる計算になる。

特に新馬、未勝利戦で1、2番人気馬が1枠に入れば、単複回収率が１００％

を超している。

コース解剖⑲ 新潟・芝直線1000m
GⅢ……アイビスサマーダッシュ

●全体の出目傾向～8枠は確かに強いが過剰人気のケースも……

重賞のアイビスSDでは、外枠有利がよく知られている。しかし、さすがに1枠は苦しいものの、2枠は健闘しているといっていいはず。15年以降は馬券になっていないが、過去10年で見れば、人気薄馬を含めて5頭が馬券になっている。

また、8枠が必要以上に人気を集めるケースも少なくないが、2017年アイビスサマーダッシュでは8番人気（単勝38・7倍）の8枠⑮ラインミーティアが勝利しているように、人気の盲点になっている馬が激走する例が目立つ。

重賞以外のレースでは、複勝率ベースで8枠がトップに立つ。1、2枠と比べると15％前後違うのが特徴的。他のコースでは複勝率で10％以上の差があるケースは稀であり、いかに

表73●新潟芝直線1000m【重賞】枠番別成績

枠番	着別度数	勝率	連対率	複勝率	単回値	複回値
1枠	0-0-1-16/17	0.0%	0.0%	5.9%	0	20
2枠	2-1-2-12/17	11.8%	17.6%	29.4%	40	159
3枠	0-1-0-16/17	0.0%	5.9%	5.9%	0	31
4枠	1-0-0-19/20	5.0%	5.0%	5.0%	12	5
5枠	1-1-1-17/20	5.0%	10.0%	15.0%	65	34
6枠	0-3-1-16/20	0.0%	15.0%	20.0%	0	56
7枠	1-1-5-18/25	4.0%	8.0%	28.0%	8	76
8枠	5-3-0-16/24	20.8%	33.3%	33.3%	278	96

表74●新潟芝直線1000m【重賞以外】枠番別成績

枠番	着別度数	勝率	連対率	複勝率	単回値	複回値
1枠	16-16-27-414/473	3.4%	6.8%	12.5%	69	62
2枠	23-16-16-434/489	4.7%	8.0%	11.2%	65	39
3枠	27-19-22-426/494	5.5%	9.3%	13.8%	127	68
4枠	26-36-27-409/498	5.2%	12.4%	17.9%	46	87
5枠	33-22-27-427/509	6.5%	10.8%	16.1%	63	62
6枠	35-42-35-402/514	6.8%	15.0%	21.8%	75	86
7枠	45-54-42-506/647	7.0%	15.3%	21.8%	72	103
8枠	56-54-64-483/657	8.5%	16.7%	26.5%	87	85

表75●新潟芝直線1000m【開催日別】狙い目馬番

開催日	軸候補	相手候補	ヒモ候補	爆穴候補
1、2日目	⑫⑯	⑱☆⑰	⑭⑧	②⑩
3、4日目	⑭⑰	⑯★	⑪⑩	⑥⑬
5、6日目	⑯★	⑪⑩	⑬⑭	⑮⑧
7、8日目	⑧⑫	⑬⑭	⑰★	⑩⑤
9日目以降	⑱☆⑧	⑮⑬	⑩③	⑭④

表76●新潟芝直線1000m【クラス別】狙い目馬番

クラス	軸候補	相手候補	ヒモ候補	爆穴候補
新馬、未勝利	⑱☆⑯	⑰⑩	⑬⑭	②⑧
500万下	⑫⑱☆	⑧⑮	⑯⑪	⑥⑭
1000万下	⑰⑱☆	⑯⑮	⑭⑧	③⑥
1600万～ＯＰ	⑪⑨	⑥★	⑭⑬	⑩⑧
重賞	⑫⑱☆	⑬⑰	⑨④	⑭⑩

★＝大外の馬番（⑱☆の場合は、フルゲート割れで⑱番がいないときに大外の馬番が該当）

新潟直線1000m戦が外枠有利なのかを裏付けるデータとなっている。

しかし、繰り返しになるが、7、8枠に入った馬は思っている以上に人気を集めているケースは少なくない。一発を狙うのであれば、3枠に入った馬の1着付けをオススメする。そして、7、8枠に入った人気馬を2、3着として相手にする馬券が有効的だ。

17年4月30日新潟7R(500万下)が好例だろう。このレースでは1着が12番人気(40・3倍)の3枠④ヤマニンアタシャン、2着が1番人気(4・8倍)8枠⑭サチノクイーン、3着11番人気(33・9倍)5枠⑨アリエスムーンで決着。3連複6万570円、3連単41万6890円となった。

過去10年で3枠が挙げた27勝中18勝までで、7、8枠の馬が最低1頭は馬券に入っている。2、3着がすべて7、8枠の馬だったケースも4レースあったのだ。

コース解剖⑳ 中京・芝1600m

GⅢ……中京記念

●全体の出目傾向～下級条件で1、2人気が③番だったら複勝率80％超

中京記念が当該コースで行なわれるようになったのは、2012年夏の開催から。6年分のデータしかないので、ここでは1600万下以上とそれ以外のレースで比較する。

重賞を含む高額条件では、外目の枠番の成績が目立つ。7、8枠の馬は複勝率が30％を超え、単勝回収率は100％超。複勝回収率も8枠は100％を超えるなど、穴馬の激走も少なくない。

こうした高額条件では⑬～⑯番の外目の馬番を軸にするといいだろう。中京記念では12年以外、この4つの馬番から必ず1頭は3着以内の馬を輩出している。場合によっては2頭馬券になることも珍しくないのだ。

しかし、1000万下以下の下級条件では、7、8枠が有利という傾向は見られない。1枠に比べれば複勝率が7～8％高い状況ではあるが、5、2、6枠の複勝率を下回っているのが現状だ。

ただし、下級条件では⑯番は単勝回収率も高く狙い目。【11—7—10—78】（勝率10・4％、連対率17・0％、複勝率26・4％）と、馬番別成績ではトップとなる複勝率を残した。単勝回収率156％、複勝回収率90％と、まずまずの値でもある。

表77●中京芝1600m【1600万以上の高額条件】枠番別成績

枠番	着別度数	勝率	連対率	複勝率	単回値	複回値
1枠	1-2-1-13/17	5.9%	17.6%	23.5%	41	67
2枠	1-0-1-15/17	5.9%	5.9%	11.8%	52	16
3枠	2-2-1-12/17	11.8%	23.5%	29.4%	82	76
4枠	0-2-2-13/17	0.0%	11.8%	23.5%	0	50
5枠	0-0-2-15/17	0.0%	0.0%	11.8%	0	61
6枠	0-2-1-15/18	0.0%	11.1%	16.7%	0	68
7枠	4-1-1-12/18	22.2%	27.8%	33.3%	148	88
8枠	3-2-2-13/20	15.0%	25.0%	35.0%	154	103

表78●中京芝1600m【1000万以下】枠番別成績

枠番	着別度数	勝率	連対率	複勝率	単回値	複回値
1枠	11-15-13-231/270	4.1%	9.6%	14.4%	36	50
2枠	21-22-23-213/279	7.5%	15.4%	23.7%	50	66
3枠	14-17-19-236/286	4.9%	10.8%	17.5%	45	59
4枠	16-18-13-250/297	5.4%	11.4%	15.8%	54	40
5枠	21-22-38-225/306	6.9%	14.1%	26.5%	47	83
6枠	24-26-21-242/313	7.7%	16.0%	22.7%	88	81
7枠	26-26-17-249/318	8.2%	16.4%	21.7%	84	88
8枠	30-17-20-253/320	9.4%	14.7%	20.9%	75	52

表79●中京芝1600m【開催日別】狙い目馬番

開催日	軸候補	相手候補	ヒモ候補	爆穴候補
1、2日目	⑨⑭	⑧③	④⑦	⑩⑤
3、4日目	⑥③	⑨⑯☆	⑭⑫	⑧⑦
5、6日目	⑫⑯☆	⑩⑪	⑥⑦	③⑬
7、8日目	⑪⑮	⑯☆⑫	⑨⑥	①⑩

9日目以降の施行はナシ

表80●中京芝1600m【クラス別】狙い目馬番

クラス	軸候補	相手候補	ヒモ候補	爆穴候補
新馬、未勝利	⑨⑯☆	③⑧	⑤⑪	⑫⑭
500万下	⑭⑨	②③	⑧⑩	⑯☆④
1000万下	⑥⑯☆	⑩⑨	⑧②	④⑨
1600万～重賞	⑨⑮	⑯☆⑦	⑫⑥	①③

★＝大外の馬番（⑯☆の場合は、フルゲート割れで⑯番がいないときに大外の馬番が該当）

さらに1～3番人気が⑯番に入った際の成績は【5―7―5―4】と、複勝率81・0％を記録し信頼度も急激にアップするのだ。

他に狙いは③番。【15―11―13―124】という成績で複勝率23・9％を記録し、⑯番に続く値を残す。こちらは1、2番人気が入ると【9―5―7―4】と2、3着の多さは気になるものの、複勝率84・0％もあり、複軸としては信頼できる数字だといっていい。

特に500万下から下のクラスでは、思い切って③番を軸にする手もあるだろう。

コース解剖㉑ 小倉・芝1200m

GⅢ……北九州記念、小倉2歳S

●全体の出目傾向～重賞では4、8枠の馬が大駆け

小倉芝1200m戦というと、フルゲートは18頭立てとなり、常に大混戦のイメージを持つことだろう。

しかし、1着馬に関しては平穏無事に終わることも少なくない。レース全体の単勝回収率

表81●小倉芝1200m【重賞】枠番別成績

枠番	着別度数	勝率	連対率	複勝率	単回値	複回値
1枠	1-1-2-29/33	3.0%	6.1%	12.1%	57	46
2枠	4-1-3-29/37	10.8%	13.5%	21.6%	68	62
3枠	3-3-3-29/38	7.9%	15.8%	23.7%	23	61
4枠	3-4-2-30/39	7.7%	17.9%	23.1%	343	247
5枠	2-0-2-36/40	5.0%	5.0%	10.0%	53	37
6枠	1-1-2-36/40	2.5%	5.0%	10.0%	54	45
7枠	2-6-2-36/46	4.3%	17.4%	21.7%	16	42
8枠	4-4-4-38/50	8.0%	16.0%	24.0%	91	114

表82●小倉芝1200m【重賞以外】枠番別成績

枠番	着別度数	勝率	連対率	複勝率	単回値	複回値
1枠	79-94-91-1081/1345	5.9%	12.9%	19.6%	57	79
2枠	97-86-83-1133/1399	6.9%	13.1%	19.0%	61	68
3枠	91-94-89-1155/1429	6.4%	12.9%	19.2%	65	66
4枠	100-92-107-1170/1469	6.8%	13.1%	20.4%	54	68
5枠	104-87-114-1209/1514	6.9%	12.6%	20.1%	77	87
6枠	91-100-100-1246/1537	5.9%	12.4%	18.9%	97	79
7枠	130-126-115-1614/1985	6.5%	12.9%	18.7%	59	67
8枠	118-132-106-1698/2054	5.7%	12.2%	17.3%	58	65

表83●小倉芝1200m【開催日別】狙い目馬番

開催日	軸候補	相手候補	ヒモ候補	爆穴候補
1、2日目	⑥④	⑨②	★⑤	③①
3、4日目	⑮②	⑫④	⑤⑨	⑥①
5、6日目	⑧①	⑬★	⑮⑪	⑤⑯
7、8日目	⑦⑯	⑭⑫	⑬⑩	⑧②
9日目以降	⑬⑭	②⑩	⑤⑥	⑧⑦

表84●小倉芝1200m【クラス別】狙い目馬番

クラス	軸候補	相手候補	ヒモ候補	爆穴候補
新馬、未勝利	⑦⑥	④⑨	⑤⑩	⑫⑧
500万下	②④	⑩⑰	⑫⑥	⑧①
1000万下	⑱☆⑮	①②	③⑦	⑭⑮
1600万～OP	⑤⑨	③⑭	★⑪	⑬②
重賞	⑬⑱☆	④⑧	⑭③	⑯⑦

★＝大外の馬番（⑱☆の場合は、フルゲート割れで⑱番がいないときに大外の馬番が該当）

は66％と、比較的人気馬が勝っていることを示しているのだ。

ただ、重賞となれば話は別。重賞戦では単勝回収率は87％まで急上昇する。この値は1、2番人気以外の馬が多く勝っていることを示唆している。

過去10年に行なわれた北九州記念、小倉2歳Sにおける勝利馬の人気を振り返ってみると、1番人気4勝、2番人気5勝、3番人気3勝、5番人気1勝、6番人気1勝、8番人気5勝、15番人気1勝というもの。

1～3番人気馬で12勝しているが、40％のレースでは5番人気以下の穴馬が勝っているのだ。勝てないまでも二ケタ人気馬が2、3着になることもしばしば。特に近年は4枠または8枠の二ケタ人気馬が馬券になることが急増している。

2017年北九州記念では3番人気（単勝5・2倍）の5枠⑨ダイアナヘイローが勝利し、2着14番人気（46・2倍）6枠⑫ナリタスターワン、そして3着に15番人気（55・7倍）8枠⑱ラインスピリットが入り、3連複24万4450円、3連単107万8820円の超特大配当に貢献した。

重賞以外のレースでは、枠における複勝率の差はないといっていい状況。馬番では707頭が走り単勝回収率107％、複勝回収率97％となる⑫番は押さえておきたい。これだけの母数があって、単複回収率が100%前後にあるというのは、それだけ穴馬が激走している証拠でもある。

また開催が進むと、二ケタ馬番同士による決着が急増するのも特徴的だ。

コース解剖㉒北海道シリーズ・ダート1700m

GⅢ……エルムS（札幌）

●全体の出目傾向～特に新馬、未勝利で7枠馬が走る！

夏の北海道シリーズ（函館・札幌）では、ダート1700m戦はよく組まれる条件だ。2017年から両場ともに、フルゲートの頭数も1頭増え14頭立てとなっている。

重賞は札幌で行なわれるエルムSのみだが、同レースでは4枠の馬に好走馬が目立つ。母数はさほど多くないため参考程度のデータだが、複勝率40・0%で単勝回収率228%、複勝回収率90%なら、素直に4枠の馬から購入する手もある。

重賞以外のレースの特徴を検索していくと、新馬、未勝利戦は波乱になりやすい。

表85●北海道シリーズ・ダート1700m【重賞】枠番別成績

枠番	着別度数	勝率	連対率	複勝率	単回値	複回値
1枠	1-0-0-8/9	11.1%	11.1%	11.1%	41	15
2枠	1-0-1-7/9	11.1%	11.1%	22.2%	135	40
3枠	0-1-1-8/10	0.0%	10.0%	20.0%	0	66
4枠	3-2-1-9/15	20.0%	33.3%	40.0%	228	90
5枠	1-2-1-13/17	5.9%	17.6%	23.5%	8	90
6枠	1-1-2-14/18	5.6%	11.1%	22.2%	28	90
7枠	1-1-1-15/18	5.6%	11.1%	16.7%	27	52
8枠	1-2-2-13/18	5.6%	16.7%	27.8%	44	82

表86●北海道シリーズ・ダート1700m【重賞以外】枠番別成績

枠番	着別度数	勝率	連対率	複勝率	単回値	複回値
1枠	69-87-79-768/1003	6.9%	15.6%	23.4%	48	68
2枠	82-72-103-744/1001	8.2%	15.4%	25.7%	60	70
3枠	85-93-80-782/1040	8.2%	17.1%	24.8%	86	81
4枠	146-127-135-1293/1701	8.6%	16.0%	24.0%	95	74
5枠	150-159-153-1331/1793	8.4%	17.2%	25.8%	68	85
6枠	156-148-145-1442/1891	8.2%	16.1%	23.7%	93	79
7枠	164-170-153-1451/1938	8.5%	17.2%	25.1%	105	87
8枠	154-154-157-1513/1978	7.8%	15.6%	23.5%	53	71

両条件における単勝回収率は90%。この値が80%を超えてくると、人気馬よりも穴馬が勝っていることを示している。

そこでは7枠に入った馬に注目。7枠は重賞以外のレース全体でも単勝回収率が105%となる穴枠。特に新馬、未勝利戦では威力を発揮するのだ。

両条件での7枠馬は【83－88－75－704】（勝率8．7%、連対率18．0%、複勝率25．9%）という成績で、単勝回収率は123%と重賞以外の総合成績を上回っている。

表87●北海道ダート1700m【開催日別】狙い目馬番

開催日	軸候補	相手候補	ヒモ候補	爆穴候補
1、2日目	⑦⑧	④⑨	⑪⑤	⑥⑩
3、4日目	⑪②	③⑤	⑧★	⑥⑦
5、6日目	②⑦	⑩⑫	⑨③	⑥⑪

函館・札幌とも7日目以降の施行はナシ

表88●北海道ダート1700m【クラス別】狙い目馬番

クラス	軸候補	相手候補	ヒモ候補	爆穴候補
新馬、未勝利	⑦⑧	⑨⑩	⑤④	③⑪
500万下	②⑤	⑪①	⑥⑩	④⑨
1000万下	⑧⑤	⑦①	⑨⑩	★⑫
1600万〜OP	⑥⑫	⑧②	①⑪	③⑤
重賞	④⑤	⑧②	⑫⑪	⑩⑥

★＝大外の馬番

ちなみに複勝回収率も93％と、まずまず高い値を示す。北海道シリーズのダート1700m戦で一発狙うなら、7枠の馬をまず考えたい。

お次は注目すべき馬番。フルゲートが1頭増えてしまったため、14頭立てでは⑪、⑫番が狙い目となる。

他に、重賞以外のレースでは⑦、⑩番に注目したい。

⑦番は単勝回収率95％、複勝回収率94％と安定値を記録している。⑩番（13頭立てなら7枠に該当）は単勝回収率104％、複勝回収率88％と穴馬が勝っているし、1、2番人気馬の複勝率も67・5％と高い値を示す。

コース解剖㉓ 中山・ダート1800m

GⅢ……マーチS

●全体の出目傾向～8枠筆頭に外目の馬で一発ツモ!

マーチSの勝利馬は6～8枠に固まっている。ただ、データ集計期間後のレースとなった2018年のマーチSでは、4枠のセンチュリオンが勝利した。

基本的には外目の枠の馬から狙いたいレースで、18年も5番人気(11・4倍)7枠⑭クインズサターンがハナ差2着に入っている。着差を考えれば6～8枠の馬から軸を選ぶというスタンスで、19年以降も通用するはずだ。

重賞以外のレースでも、出現傾向がハッキリとしているのが中山ダート1800m戦。複勝率ベースでは1～4枠の馬が20%を割っているのに対して、5～8枠の馬は20%を超えている。このことからも5～8枠の中目から外目にかけての馬から狙い馬を選びたい。

馬番別成績で見ると、大外馬番(フルゲートは16頭、頭数によって変化)が複勝率23・0%でトップに立つ。

表89●中山ダート1800m【重賞】枠番別成績

枠番	着別度数	勝率	連対率	複勝率	単回値	複回値
1枠	0-0-3-15/18	0.0%	0.0%	16.7%	0	40
2枠	2-3-1-12/18	11.1%	27.8%	33.3%	254	112
3枠	0-1-1-15/17	0.0%	5.9%	11.8%	0	58
4枠	0-1-1-16/18	0.0%	5.6%	11.1%	0	182
5枠	0-1-1-16/18	0.0%	5.6%	11.1%	0	24
6枠	3-0-0-15/18	16.7%	16.7%	16.7%	118	46
7枠	1-0-1-16/18	5.6%	5.6%	11.1%	164	33
8枠	3-3-1-11/18	16.7%	33.3%	38.9%	143	171

表90●中山ダート1800m【重賞以外】枠番別成績

枠番	着別度数	勝率	連対率	複勝率	単回値	複回値
1枠	109-111-145-1720/2085	5.2%	10.6%	17.5%	48	60
2枠	130-130-149-1823/2232	5.8%	11.6%	18.3%	78	73
3枠	125-149-140-1903/2317	5.4%	11.8%	17.9%	82	85
4枠	167-144-145-1955/2411	6.9%	12.9%	18.9%	61	65
5枠	181-179-167-1954/2481	7.3%	14.5%	21.2%	79	80
6枠	185-182-186-1970/2523	7.3%	14.5%	21.9%	60	81
7枠	199-187-188-1987/2561	7.8%	15.1%	22.4%	68	81
8枠	204-214-181-1971/2570	7.9%	16.3%	23.3%	78	97

表91●中山ダート1800m【開催日】別狙い目馬番

開催日	軸候補	相手候補	ヒモ候補	爆穴候補
1、2日目	⑫⑮	⑤⑨	⑧⑪	⑩⑥
3、4日目	③⑦	⑬⑯☆	⑮⑨	⑩⑧
5、6日目	④⑫	⑨⑩	⑮★	⑦⑬
7、8日目	⑩⑮	⑯☆⑧	⑥⑦	④⑨
9日目以降	⑨⑪	⑭⑮	⑯☆⑬	⑦⑧

表92●中山ダート1800m【クラス別】狙い目馬番

クラス	軸候補	相手候補	ヒモ候補	爆穴候補
新馬、未勝利	⑤⑪	⑫⑭	⑬⑩	⑯☆④
500万下	⑧④	⑤⑬	⑭⑥	③⑯☆
1000万下	⑦⑪	⑩⑮	★⑫	⑩③
1600万～OP	⑥⑨	⑮②	⑩⑪	⑤⑦
重賞	⑮⑯☆	③④	⑪⑧	⑩①

★＝大外の馬番（⑯☆の場合は、フルゲート割れで⑯番がいないときに大外の馬番が該当）

18年2月24日中山7R（3歳上500万下）では、1着が4番人気（11・8倍）の8枠⑬クレディブル、2着12番人気（107・2倍）③アメリカンファクト、3着11番人気（44・2倍）8枠⑭マイネルサリューエで、3連複79万6550円、3連単559万1500円の超特大万馬券を演出している。

もちろん、2着馬が買えたかどうかというのが課題も、大外馬番に該当していた8枠⑭マイネルサリューエに注目していれば、ワイドなどなんらかの馬券が的中した可能性もあるだろう。

また、軸にするなら⑨番以降をオススメする。⑨番以降の馬番は複勝率がすべて20%を超えており、内目の一ケタ馬番よりも単複回収率が高くなっている。二ケタ馬番同士のワイドなど一考の余地があるだろう。

コース解剖㉔ 阪神・ダート2000m

GⅢ……シリウスS

表93●阪神ダート2000m【重賞】枠番別成績

枠番	着別度数	勝率	連対率	複勝率	単回値	複回値
1枠	3-0-1-11/15	20.0%	20.0%	26.7%	138	66
2枠	2-0-1-12/15	13.3%	13.3%	20.0%	531	134
3枠	1-1-2-12/16	6.3%	12.5%	25.0%	18	46
4枠	1-0-0-15/16	6.3%	6.3%	6.3%	66	21
5枠	1-1-2-15/19	5.3%	10.5%	21.1%	80	51
6枠	0-3-1-16/20	0.0%	15.0%	20.0%	0	63
7枠	1-5-2-12/20	5.0%	30.0%	40.0%	17	74
8枠	1-0-1-18/20	5.0%	5.0%	10.0%	28	20

表94●阪神ダート2000m【重賞以外】枠番別成績

枠番	着別度数	勝率	連対率	複勝率	単回値	複回値
1枠	8-8-11-142/169	4.7%	9.5%	16.0%	29	38
2枠	16-9-18-135/178	9.0%	14.0%	24.2%	79	69
3枠	7-19-12-147/185	3.8%	14.1%	20.5%	42	74
4枠	10-17-10-159/196	5.1%	13.8%	18.9%	54	54
5枠	20-17-15-158/210	9.5%	17.6%	24.8%	108	70
6枠	17-15-23-162/217	7.8%	14.7%	25.3%	109	83
7枠	29-17-17-168/231	12.6%	19.9%	27.3%	120	122
8枠	15-20-16-186/237	6.3%	14.8%	21.5%	128	70

表95●阪神ダート2000m【開催日別】狙い目馬番

開催日	軸候補	相手候補	ヒモ候補	爆穴候補
1、2日目	⑥⑧	④⑪	⑫⑨	⑩⑬
3、4日目	④⑨	⑬⑫	★⑥	③⑦
5、6日目	⑦④	⑨⑪	⑩⑬	②★
7、8日目	⑨⑬	⑯☆⑪	⑥⑦	⑤⑧

9日目以降の施行はナシ

表96●阪神ダート2000m【クラス別】狙い目馬番

クラス	軸候補	相手候補	ヒモ候補	爆穴候補
未勝利	②⑥	⑪⑨	⑩⑭	⑬⑮
500万下	⑤⑫	⑥④	⑬⑮	⑯☆③
1000万下	⑧④	⑥⑪	⑫★	③⑨
1600万～ＯＰ	⑨①	★⑬	⑫⑥	②⑪
重賞	④②	⑨⑩	①⑬	⑪⑧

★＝大外の馬番（⑯☆の場合は、フルゲート割れで⑯番がいないときに大外の馬番が該当）。新馬戦の施行はナシ

●全体の出目傾向～4、5番人気の中穴馬が7枠に入ったら……

主場のダート戦というと、1200、1400、1800mが主力だが、阪神には2000m、京都は1900mなど、施行数がそれほど多くないものの、特殊な条件も存在する。その2つ、阪神ダ2000m、京都ダ1900m戦は波乱傾向が強い。

先に取り上げる阪神ダート2000m戦は単勝回収率が98%。これは、人気馬よりも穴馬が1着になりやすいことを示唆している。実際、このコースで行なわれる重賞シリウスSは、本命戦か穴馬が勝つかという、やや極端な傾向のあるレースだ。

2017年のシリウスSでは11番人気（単勝74・2倍）2枠④メイショウスミトモが勝利。2着が5番人気（6・7倍）の3枠⑤ドラゴンバローズ、3着3番人気（5・2倍）7枠⑬ピオネロという決着。3連複4万円、3連単46万8950円という波乱の結果になった。

このレースのように、重賞では1、2枠の馬が勝ち切るが、重賞以外のレースでは5枠より外目の枠の馬を購入していたほうが効率はいい。5枠より外目の馬が、単勝回収率で100%を超えているからだ。

特に7枠は複勝回収率も122%と高い値を示している。とりわけ4、5番人気馬が7枠に入った際は激走率が高まる。【9―6―3―19】（勝率24・3%、連対率40・5%、複勝率

48・6％）という成績で、単勝回収率227％、複勝回収率122％を記録する。

ただし、激走枠の7枠でも、10番人気以下の馬はまず馬券にならない。それでいて、単複回収率が100％を超えているのは、中穴に支持されている馬がしっかりと好走していることの表れなのだ。

また、総体的な馬番チェックでは、奇数馬番が単勝回収率104％と、偶数馬番の単勝回収率69％を大きく上回っている。

コース解剖㉕京都・ダート1900m

GⅢ……平安S

●全体の出目傾向～重賞も重賞以外も、1枠馬が大活躍

2010～12年までは東海SがGⅡ戦として、13年以降は平安SがGⅢ戦として施行されているコース。重賞を含む全体の単勝回収率が91％を記録しており、先の阪神ダート2000mと同様、波乱含みのレースだ。

しかし、重賞を含めて傾向はハッキリとしている。とにかく1枠に入った馬が強いのだ。旧東海S、平安Sを含めて過去10年で8レース重賞が行なわれているが、1枠が3勝と枠番別成績では最も多く勝利を挙げ、3着も3回あり複勝率も抜けている。

母数が少ないため参考程度のデータとはなるが、1枠に入った馬を狙うというのが、このコースでの基本だろう。

17年平安Sでは勝利したのは1番人気（単勝2・5倍）5枠⑨グレイトパール、2着6番人気（16・7倍）2枠④クリソライトと比較的順当な決着も、3着が15番人気（156・7倍）の1枠①マイネルバイカが入り、3連複9万6620円、3連単23万6010円という高配当になっている。

3連系の場合、1、2着馬を買っていたとしても、単勝万馬券馬の1枠①マイネルバイカはなかなか買えなかったはず。しかし、1枠が強いということを知っていれば、ヒモには入れられたのではないか。

重賞以外のレースでも、1枠狙いというのは非常に有効。枠番別成績の複勝率ではトップだし、単勝回収率も190％と抜けて高い値を示しているのだ。

1、2番人気馬は2、3着に取りこぼすケースも少なくないが、マイネルバイカのような

表97●京都ダート1900m【重賞】枠番別成績

枠番	着別度数	勝率	連対率	複勝率	単回値	複回値
1枠	3-0-3-8/14	21.4%	21.4%	42.9%	82	306
2枠	0-1-0-15/16	0.0%	6.3%	6.3%	0	26
3枠	1-2-1-12/16	6.3%	18.8%	25.0%	43	86
4枠	1-1-1-12/15	6.7%	13.3%	20.0%	32	62
5枠	2-0-0-14/16	12.5%	12.5%	12.5%	483	114
6枠	0-3-1-11/15	0.0%	20.0%	26.7%	0	57
7枠	0-0-0-16/16	0.0%	0.0%	0.0%	0	0
8枠	1-1-2-11/15	6.7%	13.3%	26.7%	14	126

表98●京都ダート1900m【重賞以外】枠番別成績

枠番	着別度数	勝率	連対率	複勝率	単回値	複回値
1枠	20-24-13-173/230	8.7%	19.1%	24.8%	190	95
2枠	15-12-22-196/245	6.1%	11.0%	20.0%	65	56
3枠	21-21-21-195/258	8.1%	16.3%	24.4%	55	82
4枠	18-21-18-218/275	6.5%	14.2%	20.7%	53	55
5枠	17-20-28-236/301	5.6%	12.3%	21.6%	34	68
6枠	30-24-22-247/323	9.3%	16.7%	23.5%	167	81
7枠	21-25-30-254/330	6.4%	13.9%	23.0%	65	75
8枠	32-27-21-265/345	9.3%	17.1%	23.2%	107	62

表99●京都ダート1900m【開催日別】狙い目馬番

開催日	軸候補	相手候補	ヒモ候補	爆穴候補
1、2日目	⑩⑪	①⑥	⑤⑮	★③
3、4日目	①⑧	⑪⑭	③⑤	⑩④
5、6日目	②①	⑤④	③⑩	⑯⑦
7、8日目	⑧⑫	⑬⑭	⑮②	④⑤
9日目以降	①⑥	⑩⑫	⑬⑧	⑦④

表100●京都ダート1900m【クラス別】狙い目馬番

クラス	軸候補	相手候補	ヒモ候補	爆穴候補
未勝利	②⑧	⑫⑬	①③	⑩⑮
500万下	①⑪	⑨⑦	⑤②	⑮⑭
1000万下	①⑧	⑩⑪	⑫②	⑤④
1600万～ＯＰ	⑧⑩	①④	⑥⑭	⑮③
重賞	①⑥	⑯☆⑪	⑩②	④⑨

★＝大外の馬番（⑯☆の場合は、フルゲート割れで⑯番がいないときに大外の馬番が該当）。新馬戦の施行はナシ

単勝万馬券馬がいきなり、連対することも珍しくない。人気の有無に関わらず1枠に入った馬を狙ってみよう。

続・実践から学ぶ出目馬券で儲けるコツ

【ケース1】中山芝2000mの重賞とそれ以外のレース

本章のコース解剖で、中山芝2000mは基本的に②番が狙い目と指摘した（P126〜参照）。その通りの結果となったのが、2017年12月28日中山8Rヤングジョッキーズシリーズファイナルラウンド第1戦（500万下、芝2000m）。

このレースで②番に入ったのは1番人気（単勝1・8倍）フリージングレイン。単勝1倍台に推されていた馬である。

各地のトライアルラウンドを勝ち上がった騎手たちの闘いとはいえ、ヤングジョッキーズシリーズと聞くと、単勝1倍台では危険な人気馬ではないかと疑ってみたくもなるところだが、表（P182）を見てほしい。

これは、同コースの重賞以外のレースの馬番別成績だ。重賞でも重賞以外でも②番が狙い

中山芝2000m●重賞以外の馬番別成績

馬番	着別度数	勝率	連対率	複勝率	単回収値	複回値
1番	31-26-32-304/393	7.9%	14.5%	22.6%	44	54
2番	31-44-35-283/393	7.9%	19.1%	28.0%	53	83
3番	22-34-29-308/393	5.6%	14.2%	21.6%	27	62
4番	30-25-25-313/393	7.6%	14.0%	20.4%	49	50
5番	25-35-32-300/392	6.4%	15.3%	23.5%	35	85
6番	35-27-34-298/394	8.9%	15.7%	24.4%	91	88
7番	27-24-28-314/393	6.9%	13.0%	20.1%	51	56
8番	29-34-25-299/387	7.5%	16.3%	22.7%	56	67
9番	30-21-29-298/378	7.9%	13.5%	21.2%	62	54
10番	28-23-26-285/362	7.7%	14.1%	21.3%	51	53
11番	21-20-22-274/337	6.2%	12.2%	18.7%	98	77
12番	19-22-22-251/314	6.1%	13.1%	20.1%	83	81
13番	17-16-14-238/285	6.0%	11.6%	16.5%	136	57
14番	12-16-6-220/254	4.7%	11.0%	13.4%	48	60
15番	11-8-23-185/227	4.8%	8.4%	18.5%	57	112
16番	14-12-7-171/204	6.9%	12.7%	16.2%	179	69
17番	7-3-6-81/97	7.2%	10.3%	16.5%	264	86
18番	5-4-1-64/74	6.8%	12.2%	13.5%	361	83

目と書いた通り、複勝率は28・0％と抜けている状態。つまり、この時点で堅軸の可能性が高かったといっていい。

このレースの結果を先に記すと、1着②フリージングレイン、2着10番人気（72・9倍）⑧マサノホウオウ、3着12番人気（94・3倍）⑥フォーワンタイキ。1着の②フリージングレインこそ人気だったが、2、3着には人気薄馬が入ったのだ。

そこで改めて表を見てほしい。3着に入った⑥番は複勝率ベースでいうと、②番に続く出現率を誇っていたのがわかるだろう。2着に入った⑧番も複勝率ベースでは4番目となる出現率の高さだ。

3連複10万1380円、3連単34万4640円が当たったとはいわないが、中山芝2000mは重賞以外でも②番が狙い目ということ、その500万下では軸候補として②、⑥番が上がり、⑧番がヒモ候補に入っているということを知っていれば、楽に獲れた馬券ではないだろうか。

今回、先に挙げた出目表は、この12月28日中山8Rに代表されるように、軸候補や相手候補には出現率の高い馬番を掲載している。ヒモ候補や穴候補の馬番は、単複回収率が高い馬

山８Ｒ（３歳上500万下、芝2000m）

中山 8R　発馬 1.40　ヤングジョッキーズS 中山第1戦（地方騎手）　混 サラ三才上 500万下・定量

	1 白1	2 黒2	3 赤3	4 赤3	5 青4	6 青4	7 黄5	8 黄5	9 緑6	10 緑6
馬名	サンアンダーソン	フリージングレイン	マイネルシュバリエ	クイントゥープル	コスモレティクルム	フォーワンタイキ	リセンティート	㊞マサノホウオウ	コマクサ	㊞レオクイック
父・距離	オレハマッテルゼ㋮	ハービンジャー㊥	バトルプラン㊥	アイルハヴアナザー㊥	ダノンシャンティ㋮	アルデバランⅡ㋮	ヴァーミリアン㊥	アーネストリー㊥	マーベラスサンデー㊥	キングヘイロー㊥
母・距離	オウバイ㋮	レインダンス㊥	マイネポリーヌ㊥	マイネクイーン㊥	ゴールドリーフ㋮	ウインクルディール㊥	マダムメガミ㋮	ネバーエンディング㊥	コマケン㊞	ジルニーナ㊞
毛色	栗毛	鹿毛	鹿毛	栗毛	鹿毛	栗毛	鹿毛	黒鹿	黒鹿	鹿毛
斤量	57 牡4	56 牡3	57 騸5	54 牝3	55 牝4	57 牡5	56 牡3	56 牡3	57 牡5	57 牡5
騎手	加藤聡	荻野極	菊沢	中越琉	小崎	渡辺竜	臼井健	横山武	栗原大	保園翔
厩舎	㊌中野栄	㊓古賀慎	㊌和田道	㊌中野栄	㊌土田	㊌石毛	㊓尾形和	㊓堀井	㊓小桧山	㊌伊藤正
賞金	200	400	500	400	200	200	400	30	200	295
総賞金	1130	2050	4410	1100	1745	575	550	59	2531	752
馬主名	加藤ステーブル	社台ＲＨ	ラフィアン	ビッグレッドF	ビッグレッドF	川島与市	米津佳昭	古賀禎彦	江川伸夫	坂田行夫
牧場名	共栄牧場	社台F	ビッグレッドFF	ビッグレッドFF	ビッグレッドFF	猪野毛牧場	及川ミツ子	浜本牧場	森田芳男	田中S
佐藤直		◎	▲	△	△					△
小野智		○	▲		△					△
久光		○	注		△		△			△
西田		○	注		△		△			
坂倉		◎	注		△				△	
本紙武井		◎	△		B△		△			△
芝1600	東 1361 ⑮	⑤		東 1349 ⑦	新 1355 ②	東 ⑩		東 ⑭	東 1374 ⑫	東 1366 ⑬
芝1800		新 14 ④	京 1470 ⑪	福 1495 ⑨	新 1465 ⑧	東 1 ⑪			新 1504 ⑫	東 1524 ⑬
芝2000		中 20 ③	新 1595 ④	福 2013 ⑭	函 2003 ⑥	121 ⑤		東 0 ⑪	1253 ⑦	東 2010 ⑧
芝2200	中 2162 ⑭	新 2 ④	中 2158 ⑨	1238 ①	1477 ④	⑮				新 2151 ⑤
前走3	1東 17年1月 ①四才上15 500万 6ゲト16頭 1361 56 松岡 S ⑧⑦⑥ 554 B 人気16 中位一杯 15 3/4 368 中 357 ムーンクエイク 1336 2.5	4東 10月8日 ②三才上3 500万 4ゲト8頭 2269 54 内田博 S ④④② 506 人気3 一瞬鋭 3 3/4 381 中 342 ホウオウドリー 2263 0.6	4中 9月10日 ②三才上13 500万 9ゲト15頭 天内1489 57 柴田大 S ⑮⑮⑭ 486 人気9 S後ヨレ 8身 382 内 348 ラッシュアタッ 1476 1.3	2福 7月16日 ⑥特別14 500万 1ゲト15頭 2013 52 柴田大 H ②②④ 426 人気13 先行一杯 14 1/4 345 内 376 ビートマッチ 1590 2.3	1札 8月5日 ③三才上7 500万 12ゲト15頭 2012 55 黛 S ⑩⑪⑪ 450 人気11 中位差詰 5 3/4 365 外 363 ロードアルバー 2003 0.9	4中 9月24日 ⑦三才上14 500万 7ゲト16頭 芝外1100 57 柴田善 S ⑮⑮⑯ 452 B 人気15 後方まま 10身 357 中 343 ファド 1083 1.7	2新 9月2日 ⑪二才1 未勝 4ゲト15頭 天ダ1545 53 武藤 M ⑦⑫⑫ 506 人気10 中位一気 1 1/4 376 内 383 ニシノキッカセ 1547 0.2	笠松 10月11日 ①二才2 条件 7ゲト9頭 ダ1281 56 藤原幹 M ③③② 483 人気1 好位伸 2 1/2 367 中 382 ラニカイブルー 1276 0.5	盛岡 10月16日 ③プロキオ4 交流B1 5ゲト11頭 天ダ1387 56 村上忍 H ⑨⑥⑤ 458 人気8 中位差詰 8 3/4 364 中 384 ヴィグラスムー 1373 1.4	1新 5月14日 ⑥5 500万 12ゲト14頭 三内2151 57 岩部 S ⑬⑪⑪ 466 人気13 後方追上 4身 374 中 358 フォーラウェイ 2144 0.7
前走2	川崎 2月2日 ④Aスター7 交流B2 8ゲト13頭 天ダ1450 57 黛 H ⑫⑪⑩ 544 B 人気11 後方差詰 3 1/2 406 外 399 エクストラベト 1443 0.7	3新 10月28日 ⑤5 500万 11ゲト12頭 三内2146 54 勝浦 S ⑨⑨⑥ 508 人気2 外々回る 3 1/4 378 外 348 トータルソッカ 2141 0.5	3新 10月21日 ③三才上3 500万 14ゲト15頭 天外1470 57 丹内 S ④①① 492 人気11 逃粘る 1 3/4 365 内 346 プリラーレ 1467 0.3	3福 11月19日 ⑥13 牝500 15ゲト16頭 1503 53 木幡初 M ⑧⑫⑬ 448 人気15 中位一杯 7 3/4 361 中 369 キューンハイト 1491 1.2	盛岡 10月16日 ③シリウス4 交流B1 1ゲト11頭 1477 54 宮崎 S ⑦⑨⑦ 455 人気5 中位伸も 2 1/2 395 内 363 ラスイエットロ 1473 0.4	3新 10月29日 ⑥7 500万 2ゲト11頭 天外1498 57 丸田 S ⑥⑨⑪ 454 人気11 後方直丈 11身 374 外 360 ワンダープチュ 1480 1.8	4中 9月18日 ❺三才上7 500万 11ゲト12頭 ダ2385 51 武藤 S ⑫⑦⑦ 508 人気4 出遅る 18 1/4 413 外 403 サンホップズ 2356 2.9	笠松 11月7日 ②三才上1 C21 6ゲト7頭 ダ1304 56 藤原幹 M ③③① 479 人気1 4角先頭 2 1/2 383 中 387 ヒルノコートド 1309 0.5	船橋 10月24日 ❷Fブーツ7 交流B2 4ゲト14頭 天ダ1579 56 野中 S ⑧⑪⑬ 468 人気9 下げ差詰 6 1/4 391 中 392 ウインブルース 1566 1.3	3東 6月4日 ②ホンコン8 500万 10ゲト10頭 2010 57 岩部 S ⑦⑦⑧ 460 人気7 後方まま 10身 381 中 345 パルデス 1594 1.6
前走	11ヵ月休 障害練習放牧 乗込み2週間 仕上り○ 連対体重 536～538 3ヵ月以上休 ①②③外 0 0 0 2	5東 11月25日 ⑦三才上3 500万 10ゲト15頭 2257 55 内田博 S ⑦⑦⑦ 516 人気7 中位伸 4 1/4 379 外 357 コルコバード 2250 0.7	3福 11月12日 ④11 500万 5ゲト14頭 1490 57 丹内 M ①①① 490 人気5 息入らず 10 1/4 348 内 379 オブリゲーショ 1473 1.7	4中京 12月3日 ②三才上16 牝500 15ゲト16頭 天ダ1587 54 丸山 M ③③⑦ 442 人気11 先行バテ 大差 371 中 434 カリーニョミノ 1537 5.0	5中 12月9日 ③三才上15 500万 11ゲト16頭 天内1508 55 松岡 S ⑯⑯⑮ 458 人気16 出遅る 8 1/2 398 中 347 アオイシンゴ 1495 1.3	4中京 12月2日 ①三才上15 500万 11ゲト18頭 2148 57 古川 S ⑨⑨⑧ 454 人気18 中位一杯 8 1/2 368 中 352 アドマイヤジョ 2134 1.4	4中京 12月9日 ③三才上9 500万 1ゲト16頭 天ダ1559 56 嘉藤 S ⑬⑩⑩ 502 人気10 中位まま 14 3/4 408 外 394 ミキノトランペ 1535 2.4	笠松 11月23日 ❸三才上2 C14 5ゲト10頭 ダ1428 56 藤原幹 S ⑤⑤④ 482 人気3 中位伸 9身 内 389 ラニカイワヒネ 1410 1.8	5中 12月23日 ⑦三才上10 500万 7ゲト16頭 ダ2454 57 内田博 M ⑩⑩⑫ 470 人気12 中位まま 14身 386 中 406 オメガドラクロ 2431 2.3	6ヵ月半 転厩放牧 乗込み2週間 仕上り○ 理想体重 480キロ 3ヵ月以上休 ①②③外 0 0 0 2

馬連	オッズ
1-8	87.2
2-2	—
2-3	7.5
2-4	14.7
2-5	24.3
2-6	21.7
2-7	9.1
2-8	3.1
3-3	☆
3-4	47.4
3-5	78.1
3-6	69.7
3-7	29.3
3-8	9.9
4-4	☆
4-5	☆
4-6	☆
4-7	57.3
4-8	19.4
5-5	☆
5-6	☆
5-7	94.4
5-8	32.1
6-6	☆
6-7	84.2
6-8	28.6
7-7	☆
7-8	12.0
8-8	9.1

軸馬 2　単穴 13　連 7 14 12

１着②フリージングレイン　（１番人気）
２着⑧マサノホウオウ　（10番人気）
３着⑥フォーワンタイキ　（12番人気）
単② 180円　複② 110円　⑧ 1070円　⑥ 1870円
馬連②−⑧ 6170円　馬単②→⑧ 6980円
３連複②⑥⑧ 101380円
３連単②→⑧→⑥ 344640円

番、逆に出現率が低く反発してこれから出る可能性がある馬番をピックアップして掲載している。

前述の中山8Rでは、本文で指摘したような8枠馬の激走はなかったが、中山芝2000m戦では人気の②番＋人気薄の8枠馬による決着というのは少なくない。

例えば、17年12月24日中山5Rの新馬戦（芝2000m）。このレースは1番人気（単勝1・4倍）で1枠②ウムラオフが圧倒的人気を集めていた状況。新馬戦ともなると、まったくデータがないので、危険な香りもするのは確かだが信用して軸にしたとしよう。

すると結果は、1着に9番人気（43・6倍）の8枠⑯ウイングセッション、2着に2枠②ウムラオフ、3着10番人気3枠⑥（48・3倍）のロンデルで決着。3連複2万4300円、3連単29万7170円の配当をつけた。

2017年12月28日中

14（桃8）	13（桃8）	12（橙7）	11（橙7）
コンデュイット	ディープインパクト	キングヘイロー	ルーラーシップ
ドウディ	コスモスピード	(地)クリップスプリンガ	(地)コスモトウイーク
ストームイメージ 鹿毛	ヒカルウェイブ(中) 鹿毛	オグリピンキー 鹿毛	ヴィーヴァヴォドカ(中) 黒鹿
56 牡3	56 牡3	56 牡3	56 牡3
森裕	岩崎	藤田菜	鈴木祐
(南)佐藤吉	(北)高橋祥	(北)的場	(北)石栗
400	400	60	30
2552	985	1500	263
e馬主組合	ビッグレッドFF	山下良子	松谷翔太
(新)松浦牧場	(留)青藍牧場	(新)ヤマタケ牧場	(新)ビッグレッドFF
注 ◎ ▲ ◎ ○ ○	○ △ ◎ △ ▲ 注	△ 注 △ ▲ △ ▲	
中 1337 ⑦ 中 1495 ⑪ 函 1213 ②	芝 1302 ⑤ 札 1474 ④ 中 2028 ①	函 1227 ② 東 1482 ③ 東 2029 ② 函 2289 ⑦	京 1523 ⑫ 小 2018 ④ 崇 2154 ⑥
4東 10月22日 7 三才上 2 500万 5ゲト16頭 芝 1410 55 吉田隼 H ⑩③③ 486 人気3 一旦抜出 クビ 366 中 394 エンジニア 1410 0.0	1札 7月30日 ② 三才上 4 500万 5ゲト12頭 芝 1474 54 丹内 M ④②② 446 人気7 好位一息 3/4身 368 中 354 メイショウテン 1473 0.1	1札 8月12日 ⑤ 未勝 15 未勝 6ゲト16頭 芝 2072 56 横山和 H ②②⑦ 430 人気7 好位バテ 14 3/4 358 中 406 シンデン 2047 2.5	笠松 10月19日 5 条件 1 条件 1ゲト8頭 右ダ 1313 56 佐藤友 M ⑧⑧③ 511 人気2 マクる 2 1/2 386 外 388 フォルメンテー 1318 0.5
5東 11月11日 ③ 三才上 7 500万 14ゲト18頭 芝 1349 56 戸崎圭 S ③③③ 486 人気2 伸一息 2 1/2 363 中 342 アンノートル 1345 0.4	2札 8月19日 ① 500万 5 500万 3ゲト14頭 芝 1302 54 丹内 S ⑧⑦⑥ 438 B 人気5 中位差詰 5 3/4 366 内 359 スターオブペル 1292 1.0	園田 10月13日 6 三才上 1 C 2 6ゲト8頭 右ダ 1309 56 笹田知 S ②①① 437 人気1 直正先頭 4身 内 377 タガノヴァン 1316 0.7	笠松 11月8日 3 三才上 1 C14 8ゲト9頭 右ダ 1447 56 佐藤友 S ②②① 502 人気1 先行楽勝 4身 内 390 タイガーバロー 1456 0.9
4中京 12月9日 ③ 三才上 13 500万 10ゲト16頭 右ダ 1263 56 松山 H ⑥⑤③ 482 人気4 好位一杯 15身 350 内 392 サクセスエナジ 1238 2.5	5中 12月9日 ③ 三才上 9 500万 5ゲト16頭 芝内 1502 56 丹内 S ⑨⑧⑥ 442 人気11 追上一杯 4 1/4 385 内 349 アオイシンゴ 1495 0.7	園田 11月1日 ② 三才上 1 C 2 9ゲト10頭 右ダ 1309 57 笹田知 S ②①① 435 人気1 直正先頭 5身 内 375 マーティンクリ 1317 0.8	4中京 12月10日 ④ 500万 15 500万 18ゲト18頭 芝 2155 55 長岡 M ②②② 490 人気15 先行一杯 9 1/4 356 中 376 パリングラ 2139 1.6

中山芝2000mにおける新馬、未勝利での②番はきっちりと軸候補に入っている。1着馬の馬番である⑯番はピックアップされていないものの、重賞以外では8枠の単勝回収率が高いということを覚えていれば、獲得できた可能性がある馬券だろう。

ただし、重賞レースでは②番＋8枠の出現は意外と少ない。出目表では重賞レースの場合、軸候補に②番、相手候補の筆頭に⑱番が入っているが、両立することは案外と少なく、②番が出現する際は、一ケタ馬番が中心となりやすく、8枠が出現する際は中目の⑩、⑪番あたりが相手になりやすい傾向がある。

17年紫苑Sでは、1着が1番人気（2・5倍）8枠⑯ディアドラ、2着6番人気（15・7倍）6枠⑪カリビアンゴールド、3着4番人気（8・4倍）4枠⑦ポールヴァンドルで決着。3連単で1万1870円と本命サイドの決着だが、8枠が出現する際の相手は⑩、⑪番が多いという偏りを知っていれば手が届いたのではないか。

16年皐月賞は、1着8番人気（30・9倍）⑱ディーマジェスティ、2着3番人気（3・7倍）③マカヒキ、3着1番人気（2・7倍）⑪サトノダイヤモンドで決着。これは先に掲載した出目表でも相手候補、ヒモ候補、軸候補で決着している。

サトノダイヤモンドは軸候補の一角である⑪番に入っており、相手候補の一角である⑱番にディーマジェスティという状況。3連複6000円、3連単7万390円は的中できた可能性が高かった馬券だろう。

【ケース2】京都芝2200mの開催日別攻略

京都芝2200m戦（P145〜参照）は、レース全体の単勝回収率が89％ある。人気馬が勝利するというよりは、穴馬が勝つケースが少なくないということを示しているのだ。

このコースの出目は、パターンとしては2つ存在する。

まずは3枠以内の内目の馬番を狙うというもの。重賞以外のレースで複勝率トップとなるのが26・8％を記録した2枠、続くのが26・7％と3枠である。複勝率が0・1％の差なら単勝回収率が124％となる3枠のほうが有力だといっていい。特に開催初日、2日目の開幕週では一ケタ馬番の出現率が高くなる。

第1回京都開催（1月）はこの傾向が顕著に表れる週だ。距離は違うが京都金杯で1、2枠の馬ばかりが勝利しやすいのはよく知られた話だろう。芝2200m戦でも内目の一ケタ馬番の活躍が目立つのだ。

18年1月7日京都8R（4歳上500万下）も、まさに典型的な例といっていいだろう。

1回京都開催の2日目にあたる日だ。

1番人気（3．6倍）は5枠⑩アンセム。500万下条件では軸候補の一角にあたる馬番だが、開幕週の2日目ということを考えると、全面的に信用できないというのが結論だ。

上位人気馬が2頭入っているから、好走しやすいというわけではないが、3枠に注目してほしい。

2番人気（6・3倍）⑤リリーモントルー、3番人気（6・4倍）⑥ハイドロフォイルが同居している。開催日別狙い目馬番を見れば、開幕週にあたる1、2日目の軸候補は④番、⑥番とあるはずだ。

京都 8 発馬 2.00 サラ四歳以上 500万下・定量

	①	②	③	④
父	ステイゴールド	タートルボウル	ステイゴールド	スズカマンボ
馬名	アインザッツ	パリンジェネシス	ブリシンガメン	フォーラウェイ
母	フォルテピアノ	メジロジョーンズ	ディオニージア	ダイヤモンドクイン
斤量	57 牡5	55 牡4	54 牝4	57 牡5
騎手	中谷	荻野極	藤岡佑	酒井
厩舎	大久保龍	清水久	奥村豊	北出
	200	400	400	450
	1365	570	1085	2430
馬主	キャロットF	キャロットF	吉田照哉	フジワラF
生産	ノーザンF	レイクヴィラF	社台F	フジワラF

2018年1月7日京都8R（4歳上500万下、芝2200m）

	16	15	14	13	12	11	10	9	8	7	6	5
枠	桃8	桃8	橙7	橙7	緑6	緑6	黄5	黄5	青4	青4	赤3	赤3
父	ハーツクライ(輸)	ステイゴールド(輸)	ヴィクトワールピサ(輸)	サクラプレジデント(中)	ステイゴールド(輸)	ハーツクライ(輸)	ディープインパクト(輸)	ルーラーシップ(輸)	ネオユニヴァース(中)	ステイゴールド(輸)	クロフネ(マイ)	ディープブリランテ(中)
馬名	(地)ダイシンサクセス	マイネルプレッジ	ザクイーン	ナ・ルハヤ	ステイキングダム	スピリットソウル	アンセム	ムイトオブリガード	ノーブルソニック	ウインカートゥーン	ハイドロフォイル	リリーモントルー
母(母父)	マドモアゼルシッシ(マ)	マイネアモーレ(マ)	サマーハ(輸)	カルナアヴァンセ(中)	ルヴァーガール(豪)	ハイドバウンド(豪)	オータムメロディー(マ)	ピサノグラフ(マ)	ソニックグルーヴ(中)	カートゥーン(長)	レースウィング(中)	コーディーライン(中)
毛色	黒鹿	鹿毛	黒鹿	黒鹿	鹿毛	黒鹿	鹿毛	鹿毛	黒鹿	黒鹿	鹿毛	鹿毛
斤量・性齢	55 騸5	54 牡7	54 牝4	54 牝4	57 牡5	56 牡4	56 牡4	56 牡4	55 牝6	57 牡5	54 牡5	56 牡4
騎手	替△森裕	替▲三津谷	替岩田康	柴田未	替武豊	替藤岡康	浜中	替北村友	鮫島駿	替川田	替▲川又	替池添
厩舎	森	宮本	角居	梅田智	吉村	大久保龍	野中	角田	斉藤崇	西園	友道	池添兼
賞金	85	200	400	400	450	400	400	400	200	450	450	400
総賞金	130	4800	905	1495	2189	1740	1482	1975	1660	1657	1775	1640
馬主	大八木信行	ラフィアン	(株)NICKS	陣内孝則	社台RH	落合幸弘	シェイク・モハメド	市川義美HD	(有)シルクR	(株)ウイン	サンデーR	土井孝夫
生産者	矢野牧場	コスモヴューF	ノーザンF	清水牧場	社台F	ノーザンF	ダーレージャパンF	ノーザンF	ノーザンF	コスモヴューF	ノーザンF	岡田牧場
印	…	…	△	▲	◎	…	○	△	…	△	△	注
印	…	…	…	△	△	…	○	注	…	△	▲	◎
印	…	…	△	◎	▲	△	○	注	…	…	…	…
印	…	注	…	…	△	…	○	▲	…	◎	…	△
印	…	…	○	注	…	△	◎	△	…	△	…	△
印	…	…	△	△	△	…	○	◎	…	▲	B△	注
持ち時計	京 2022 ⑩ 兲 2418 ⑫	京 1473 ② 小 1595 [2] 阪 2125 ③ 新 2255 ④	阪 1479 ① 小 1598 ③	小 1472 ② 小 2004 ⑩ 兲 2401 ③	阪 1477 ⑩ 小 2004 ④ 芸 2136 ⑤ 阪 2259 ⑩	阪 1475 ① 京 2015 ③ 云 1234 [5] 芸 1314 ②	京 1475 ⑥ 芸 2141 ④ 京 2269 [2]	京 1506 ②	小 1483 [3] 福 2009 ③ 芸 2135 ⑪ 京 2259 ⑧	小 1486 ⑪ 小 2015 ④ 阪 2130 ⑦ 京 2250 ①	兲 [illegible] ⑩ [illegible] ⑥ 阪 [illegible] ① 阪 [illegible] ⑤	阪 [illegible] ⑫ [illegible] ②
前走	園田 11月2日 ③ 三才上 8 C3 7ゲト10頭 ダ 1352 56 吉村智 H ⑤⑩⑩ 485 人気1 3角一杯 14 1/2 中 431 デルマクラノス 1328 2.4	1新 5月14日 ⑥ [illegible] 3 500万 14ゲト14頭 内 2150 57 丹内 S ⑤⑤④ 444 人気3 好位伸 3 3/4 365 中 362 フォーウウェイ 2144 0.6	2小 8月27日 ⑩ [illegible] 6 500万 1ゲト13頭 2006 52 北村友 S ③⑤③ 482 人気1 脚余す 2 3/4 371 中 358 ブライトムーン 2001 0.5	4阪 9月9日 ① 三才上 4 500万 1ゲト11頭 内 2004 52 柴田未 S ⑤⑤⑧ 486 人気4 [illegible] 3 1/2 359 内 350 マイネルアトゥ 1599 0.5	2小 8月27日 ⑩ [illegible] 4 500万 8ゲト13頭 2004 57 和田 S [9]⑨⑨ 430 人気8 中位伸も 1 1/2 377 外 352 ブライトムーン 2001 0.3	3阪 6月25日 [8] [illegible] 10 500万 7ゲト10頭 外 1485 54 浜中 S ⑥④⑤ 484 人気5 中位一杯 4 1/4 369 中 348 ラヴァンドドウ 1478 0.7	4京 10月21日 ⑥ 三才上 6 500万 2ゲト12頭 外 2190 54 浜中 H ⑥④⑥ 470 人気6 中位まま 2 3/4 382 内 372 スティルウォー 2185 0.5	4京 10月22日 7 三才上 5 500万 12ゲト12頭 ダ 1582 55 四位 M ⑤④③ 484 人気1 好位一息 3 1/4 367 中 378 メトロポリス 1577 0.5	2小 9月3日 ⑫ 三才上 6 500万 11ゲト11頭 2420 55 北村友 S [7]⑥⑦ 478 人気7 中位まま 4 1/4 398 中 364 タガノシャルド 2413 0.7	3福 11月11日 ③ 三才上 9 500万 13ゲト13頭 2423 57 津村 S ②②① 488 人気4 先行一杯 6 3/4 377 内 381 ジャポニカーラ 2412 1.1	1札 8月6日 ④ 三才上 10 500万 2ゲト12頭 2421 57 荻野琢 S ⑦⑦⑨ 494 B 人気2 中位一杯 8 1/4 385 中 362 コスモピクシス 2408 1.3	3福 11月11日 ③ [illegible] 2 500万 12ゲト14頭 2001 55 菱田 M ⑫⑫⑪ 426 人気8 後方一気 1/2身 367 外 353 ジャーミネイト 2000 0.1
2走前	園田 11月21日 ① 三才上 2 C3 3ゲト10頭 ダ 1334 56 吉村智 H ③②② 488 人気3 先行粘る 4身 内 418 ニシノキボォト 1327 0.7	3新 10月21日 ③ [illegible] 6 500万 6ゲト10頭 内 2269 57 丹内 M ③⑥⑧ 448 人気3 包まれる 6身 365 中 361 フォイヤーヴェ 2260 0.9	4阪 9月16日 ❸ 三才上 11 牝500 11ゲト15頭 内 2039 52 四位 S ②②② 472 人気6 先行一杯 11 1/4 365 中 374 アロマドゥルセ 2020 1.9	4中京 12月9日 ③ 三才上 3 牝500 11ゲト18頭 2011 54 柴田未 S ③③③ 492 人気11 好位粘る 3 1/2 372 中 350 ブルークランズ 2006 0.5	4阪 9月23日 ⑥ 三才上 7 500万 14ゲト16頭 内 2033 57 和田 S ⑪⑩⑪ 424 人気7 中位差詰 5身 386 中 341 エアウィンザー 2025 0.8	2小 8月27日 ⑩ 三才上 9 500万 14ゲト16頭 1480 54 浜中 S [16]⑬⑬ 484 人気5 後方直大 4 1/4 386 中 351 インビジブルレ 1473 0.7	5京 11月19日 [6] 三才上 2 500万 14ゲト15頭 外 2269 55 C.デムーロ H [15]⑧⑤ 466 人気6 後方伸 2 1/2 370 中 364 ムーヴザワール 2265 0.4	5京 11月18日 ❺ 三才上 11 500万 4ゲト16頭 ダ 1515 55 四位 M [16]⑮⑯ 486 人気1 出遅る 10 1/2 379 外 374 ドライバーズハ 1498 1.7	4中 9月17日 [4] 三才上 10 500万 4ゲト14頭 内 2382 55 石橋脩 S [11]⑩⑧ 474 人気9 出遅る 7 3/4 393 外 377 パラダガール 2370 1.2	5京 11月19日 [6] 三才上 3 500万 12ゲト15頭 外 2272 57 シュタルケ H ⑧⑨⑧ 492 人気9 中位伸 4 1/4 356 外 364 ムーヴザワール 2265 0.7	2札 8月26日 ③ [illegible] 10 500万 7ゲト11頭 2462 57 藤岡康 S ⑤⑤⑨ 496 B 人気7 中位一杯 8 1/2 404 中 371 エクセレントミ 2448 1.4	5京 11月25日 ⑦ 三才上 5 500万 10ゲト18頭 外 1488 55 松山 S ⑭⑮⑮ 432 人気9 後方追上 2 1/2 377 中 344 インヘリットデ 1484 0.4
3走前	園田 12月14日 ① 三才上 1 C3 10ゲト10頭 ダ 1338 56 吉村智 M ①①① 494 人気2 逃楽勝 4身 内 410 ワンディトウシ 1345 0.7	3福 11月11日 ③ 三才上 10 500万 11ゲト13頭 2424 57 丹内 S ⑥[7]⑨ 446 人気7 3角鈍る 7 1/4 387 内 377 ジャポニカーラ 2412 1.2	4中京 12月9日 ③ 三才上 5 牝500 5ゲト18頭 2013 54 C.デムーロ S ③④④ 472 人気4 好位一息 4 1/2 372 内 351 ブルークランズ 2006 0.7	5阪 12月23日 ⑦ 三才上 3 500万 17ゲト17頭 外 2401 53 柴田未 M ③③④ 494 人気5 内つき伸 1 3/4 361 内 350 スプマンテ 2398R0.3	5京 11月25日 ⑦ 三才上 6 500万 15ゲト18頭 外 1489 57 ボウマン S ⑰⑱⑱ 430 人気10 後方差詰 2 3/4 378 中 344 インヘリットデ 1484 0.5	3新 10月29日 ❻ [illegible] 6 500万 10ゲト11頭 外 1496 55 菱田 S ③④④ 502 人気9 好位一杯 9 3/4 369 中 364 ワンダープチュ 1480 1.6	4中京 12月10日 ④ [illegible] 4 500万 6ゲト18頭 2141 55 浜中 M ⑨⑧⑦ 462 人気1 中位伸も 1 1/2 374 内 354 パリングラ 2139 0.2	5阪 12月10日 ④ 三才上 4 500万 6ゲト10頭 ダ 1542 56 ルメール S ⑥⑦⑦ 488 人気2 後方差詰 2 1/4 389 外 368 キングジュエリ 1539 0.3	3新 10月28日 ⑤ 三才上 10 500万 11ゲト12頭 ダ 2433 54 鮫島駿 H ⑪⑪⑩ 472 人気8 後方まま 大差 408 外 410 ハッスルバッス 2398 3.5	5阪 12月23日 ⑦ 三才上 5 500万 8ゲト17頭 外 2402 57 ルメール M ⑩⑫⑪ 500 人気4 中位差詰 2 1/2 369 外 347 スプマンテ 2398R0.4	5東 11月25日 ⑦ 三才上 4 500万 11ゲト15頭 2258 57 戸崎圭 S ②②② 498 B 人気4 先行一息 5身 368 中 367 コルコバード 2250 0.8	4中京 12月16日 ⑤ [illegible] 3 500万 1ゲト18頭 2018 56 高倉 S ⑫⑪⑨ 432 人気9 内つき伸 ハナ 386 内 337 マテンロウゴー 2018 0.0

32

1着①アインザッツ　　　（9番人気）
2着⑤リリーモントルー　（2番人気）
3着⑥ハイドロフォイル　（3番人気）
単① 1560円　複① 360円　⑤ 220円　⑥ 240円
馬連①－⑤ 4610円　馬単①→⑤ 11140円
3連複①⑤⑥ 11900円
3連単①→⑤→⑥ 83690円

単純だが、このレースで軸を⑥ハイドロフォイルにしたとしよう。開催日別狙い目馬番を見れば、一ケタ馬番が中心の組み合わせで的中できそうなレースというのがわかる。

結果は、1着9番人気（15・6倍）1枠①アインザッツ、2着3枠⑤リリーモントルー、3着に軸候補とした3枠⑥ハイドロフォイルが入った。3連複1万1900円、3連単8万3690円とまずまずの配当に。

クラス別狙い目馬番に当てはめてみても、勝利した①番はヒモ候補の一角、2着の⑤番は軸候補、3着の⑥番は爆穴候補の中に入っていた目である。このように出目表をうまく組み合わせても獲れそうな馬券は結構あるのだ。

京都芝2200m戦における有力パターンの2つ目は、重賞以外のレースにおける8枠馬の2、3着付け（複軸狙い）だ。

例えば、18年1月28日京都5R（3歳未勝利）戦が好例となるだろう。2回京都開催の2日目にあたる日だが、ご存知の通り、2回京都開催は1回京都開催と連続で行なわれる。つまり2日目といっても、実質10日目みたいなもの。連続開催の場合、開催日別狙い目馬番の出目は、単純に使用できないケースもあると覚えておきたい。

このレースで8枠に入っていたのは5番人気（17・5倍）⑯メバエと10番人気（78・4倍）⑮イペルラーニオの2頭。人気や新聞の印を見れば、⑯メバエを上位にしてしまう可能性もあるだろう。

しかし、クラス別狙い目馬番で未勝利の欄を見れば、★（大外馬番）と並んで⑮番も爆穴候補に入っており、⑮イペルラーニオの人気がないからといって、無視することはできなかったのだ。

結果は1着が2番人気（2・4倍）⑭ノストラダムス、2着が8番人気（38・4倍）④マサハヤニース、3着に⑮イペルラーニオ。3連複4万9280円、3連単16万3040円という高額配当が飛び出した。

クラス別狙い目馬番では軸候補の1角に④番、ヒモ候補に⑭番、爆穴候補に⑮番が入っており、買い方次第では3連複、3連単が的中した可能性もあったことだろう。小難しいことを考えなくても、8枠2頭からワイド流しを買う手もあったはず。

1着⑭ノストラダムス―⑮イペルラーニオのワイドは2290円、2着④マサハヤニース―⑮イペルラーニオのワイドは2万1040円という配当だった。点数が少し増えたとしても、ワイドで2万馬券が獲れていた可能性もあったのだ。

【ケース3】 波乱度が高い京都ダート1900mの場合

京都ダート1900mは先述したように（P178～参照）、重賞レースを含む全体の単勝回収率が91％を記録しており波乱含みのコースといっていい。また、1枠馬の好走率が高いとも指摘した。その2点を考えながら次の出馬表（P194～195）を見てほしい。

18年2月11日京都8R（4歳上500万下）は、1番人気（2・8倍）が①ネクストムーブ。1枠馬だし、複軸ないし連軸としては堅そうな馬といっていいだろう。

京都ダート1900m戦において、1～3番人気馬が1枠に入れば【13―10―5―27】（勝率23・6％、連対率41・8％、複勝率50・9％）。単勝回収率98％、複勝回収率94％を記録している。ネクストムーブの軸はまず崩れないと判断していい数字だろう。

ただし、レース全体の単勝回収率が91％ということも併せて考えてみたい。確かに人気馬が1枠に入った際は安定して勝利も挙げているが、2着のケースも考えられるはず。穴馬が勝ちやすいコースであるのは間違いないからだ。

そこで馬券にもある通り、①ネクストムーブの2着付けの馬単を購入。点数を広げずに絞っているのは1番人気馬を軸にしているため、効率化を図ってのことである。

1着欄にマークしたのは次の4頭。

・⑪スズカガルチ　（12番人気、31・1倍）
・⑤マテラリードル　（8番人気、15・6倍）
・②ワンダーマウス　（9番人気、17・9倍）
・⑭オールデン　（6番人気、11・5倍）

⑪番は500万下条件で軸候補の一角となる馬番で、京都ダート1900m戦&500万下での成績は【5―4―2―47】という成績。単勝回収率が137%を記録し、穴馬が勝っている馬番のひとつだからだ。

⑤、②番はヒモ候補の一角、⑭番は爆穴候補の一角を占める馬番。軸を決めても、どこで流すのかという課題はついて回るが、上位人気馬を軸にして馬連、馬単を購入するのであれば、点数を広げすぎないように調整するのはひとつの戦略である。

レースは、1着にクラス別馬番出目でも軸候補の1頭だった⑪スズカガルチ、2着に軸の①ネクストムーブ、3着11番人気（26・7倍）⑦エフハリストで決着。馬連4030円、馬単1万810円の配当となった。

馬連でも点数を絞っていれば十分な配当だが、重賞レースを含む全体の単勝回収率が91%というデータを元に、2着付けの馬単にしたのが正解だったようだ。

都８Ｒ（４歳上500万下、ダート1900m）

京都 8R　発馬 1.50　サラ四歳以上（混）500万下・定量

	11	10	9	8	7	6	5	4	3	2	1
枠	緑6	緑6	黄5	黄5	青4	青4	赤3	赤3	黒2	黒2	白1
父	アイルハヴアナザー(中)	スウィフトカレント(中)	キングカメハメハ	ヴァーミリアン(中)	ハーツクライ	ハービンジャー	バーナーディニ(中)	トーセンホマレボシ(中)	ゼンノロブロイ	スマートファルコン(中)	バトルプラン(中)
馬名	スズカガルチ	ユウチエンジ	シャイニーゲール	(地)ダブルアックス	エフハリスト	(地)ジュンマシュウ	(外)マテラリードル	ナムラカブト	カカアコ	ワンダーウマス	ネクストムーブ
母	ウォータームーン	ユウキャラット(中)	クリスタルコースト(中)	ダブルタイトル(中)	ラヴアズギフト(マ)	サオヒメ(マ)	イエローヒート(マ)	ナムラナデシコ(マ)	ゴットザビート(中)	コープライミー(マ)	ナスケンアイリス
毛色	栗毛	黒鹿	鹿毛	黒鹿	青鹿	黒鹿	鹿毛	黒鹿	栗毛	鹿毛	栗毛
斤量	56 牡4	57 牡5	56 牡4	57 牡5	57 牡5	54 牡4	57 牡5	53 牡4	53 牝4	56 牡4	57 牡5
騎手	菱田	福永	岩田康	小牧	松山	△森裕	幸	▲富田	☆小崎	高倉	藤岡佑
厩舎	湯窪	森	石坂	西橋	橋口慎	森	浜田	中村	小崎	佐藤正	清水久
賞金	400	200	400	75	450	40	200	400	400	400	450
総賞金	705	6515	1620	248	1745	40	690	1110	575	870	2470
馬主名	永井啓弐	(株)アイテツ	小林昌志	田邉廣己	吉澤克己	河合純二	大野照旺	奈村信重	山住勲	山本能成	林正道
牧場名	上村清志	鎌田正嗣	雅牧場	東振牧場	那須野牧場	レイクヴィラF	アメリカ	平野牧場	チャンピオンズF	白井吉美	桜井牧場
持木		△			△			▲		◎	○
瀬古		▲	△		注			△			○
加茂		○		△	△			△			◎
須藤	△	注	◎				△	○	△		▲
田崎		▲	△				注	△		△	○
本紙中邑	B	B◎	△		△		△	○			▲
芝1600・1800	1⑰	京1343⑤ 京1460③	2002⑦		京1⑧ 阪1	2051⑦ 新1501⑰		京1524⑬	東1390⑩		
芝上り	34⑰	33.3④	34.5⑦		3	35.8⑯		35.0⑬	35.6⑩		
ダート上り	ダ35⑩		ダ37.6⑧	ダ37.5⑥		ダ40.7⑦	ダ38.3⑨	ダ36.3❶	ダ37.2⑩	ダ36.4❶	ダ.3⑦
前走3	2札 9月3日 ⑥三才上10 500万 8ト14頭 ダ1482 53城戸 M⑨⑩⑫ 512B 人気6 後方まま16 1/4 381内398 キングラディウス 1456 2.6	5阪 12月10日 ④三才上4 500万 6ト14頭 芝外1483 57吉田隼 S⑤⑥⑤ 504 人気5 好位粘る1 1/4 370中333 エルプシャフト 1481 0.2	3中京 7月15日 ⑤三才上7 500万 12ト13頭 芝2002 54松若 S⑦⑧⑨ 458 人気5 外々回る7身 374外345 キセキ 1591 1.1	園田 3月14日 ③四才上1 C1 4ト6頭 ダ2097 56木村健 S④③③ 537 人気1 中位抜出1身 外390 トップゴールド 2099 0.2	4京 10月22日 7三才上8 500万 6ト12頭 ダ1584 57和田 M②③③ 466 人気6 好位一杯4 1/4 365中382 メトロポリス 1577 0.7	佐賀 11月18日 ①三才上5 C2 4ト12頭 ダ56.5 56吉田順 M④③⑤ 529 人気5 中位まま4 1/2 中373 リッカハピネス 557 0.8	2京 17年2月 ⑤四才上9 500万 8ト10頭 ダ1524 56池添 S①①③ 518 人気8 逃一杯11身 369内383 フォンターナリ 1506 1.8	3京 5月7日 ⑥三才11 500万 9ト15頭 ダ1553 56北村友 M⑬⑦④ 492 人気6 追上一杯11身 391中396 ウォーターマー 1534 1.9	4京 10月9日 3三才上7 500万 1ト9頭 ダ2010 50川又 M⑨⑨⑧ 464 人気9 後方まま10 3/4 383中386 ストライクイー 1592 1.8	2阪 4月16日 ⑧三才2 未勝 7ト15頭 ダ1537 56高倉 S②②② 486 人気3 一旦先頭1 1/2 377中377 スズカブルグ 1535 0.2	5阪 12月16日 ⑤三才上2 500万 5ト16頭 ダ1537 57藤岡佑 M④④③ 518 人気7 好位伸1/2身 379中383 メイショウテム 1536 0.1
前走2	5阪 12月28日 9三才上5 500万 10ト16頭 ダ1547 56幸 H⑬⑬⑬ 514B 人気10 後方追上10 1/2 387中391 レッドアトゥ 1530 1.7	5阪 12月28日 ⑨フィーチ12 1000万 1ト13頭 芝外1360 57佐藤友 M⑤⑤⑥ 508 人気5 好位バテ14 1/4 356中367 フィアーノロマ 1336 2.4	5京 11月5日 ②三才上10 500万 10ト14頭 芝内2006 55岩田康 H⑫⑪⑫ 462 人気8 後方まま5 1/2 370中357 メイケイレジェ 1596 1.0	園田 4月4日 ①四才上1 C1 7ト9頭 ダ1535 57木村健 M⑤②① 540 人気1 4角先頭5身 中395 スイートリブレ 1544 0.9	5京 11月18日 ⑤三才上9 500万 6ト16頭 ダ1510 57和田 M⑦⑥⑦ 466 人気6 中位一杯7 1/2 363中382 ドライバーズハ 1498 1.2	佐賀 12月2日 ①三才上1 C2 7ト10頭 ダ1264 56真島正 S⑤④① 525 人気2 4角先頭1 1/2 中383 サクラトップキ 1267 0.3	5阪 12月28日 9三才上10 500万 7ト16頭 ダ1553 57川須 H⑨⑧⑪ 524 人気12 中位まま14 1/4 381中402 レッドアトゥ 1530 2.3	3京 5月21日 ⑩三才16 500万 9ト16頭 ダ1569 56松山 M⑬⑯⑯ 492 人気12 後方まま大差 379中412 ホーリーブレイ 1522 4.7	4京 10月21日 6三才上6 牝500 10ト12頭 ダ1527 52岩崎 S⑪⑪⑪ 464 人気12 内々回る5 3/4 379内373 イイコトバカリ 1518 0.9	3京 5月14日 ⑧三才1 未勝 8ト16頭 ダ1512 56高倉 S⑨④⑤ 482 人気2 中位差切3/4身 370中364 ホワイトドラゴ 1513 0.1	5阪 12月28日 9三才上2 500万 5ト16頭 ダ1538 57藤岡佑 H⑥⑤① 514 人気3 4角先頭5身 379中395 レッドアトゥ 1530 0.8
前走	1中京 1月14日 ②四才上7 500万 13ト16頭 ダ2015 56松若 H⑧⑧⑪ 516 人気12 中位まま4身 374中393 ローデルバーン 2008 0.7	1京 1月20日 6四才上7 500万 7ト14頭 芝外1367 57福永 M⑦⑦⑦ 510 人気5 中位まま5 1/2 360中370 グランドロワ 1358 0.9	3ヵ月余 放牧 乗込み3週間 仕上り○ 連対体重466キロ 3ヵ月以上休 ①②③外 1 0 0 1	1京 1月21日 7四才上6 500万 7ト14頭 ダ1551 57小牧 M⑩⑪⑫ 522 人気10 後方直丈10 1/2 382中386 ビッグアイラン 1534 1.7	2京 1月28日 2四才上7 500万 1ト9頭 ダ2030 57和田 H⑦⑤⑥ 476 人気3 後方まま10 3/4 373外411 メガフレア 2012 1.8	佐賀 12月16日 ①三才上1 C2 11ト12頭 ダ1317 56真島正 S⑥③② 528 人気1 好位抜出2身 399中385 サンセットビー 1321 0.4	1中京 1月21日 ④四才上3 500万 10ト15頭 ダ2019 57和田 S①②① 524 人気8 逃粘る2身 374内388 リョウランヒー 2016 0.3	1中京 1月28日 6四才上2 500万 13ト16頭 ダ1256 53富田 M⑫⑫⑪ 496 人気12 後方伸2 1/2 369中367 ティアップサン 1252 0.4	3ヵ月半 放牧 乗込み2週間 仕上り△ 連対体重458キロ 3ヵ月以上休 ①②③外 0 0 0 2	2京 1月27日 1四才上10 500万 5ト13頭 ダ1565 56高倉 H⑦⑥⑦ 492 人気4 中位バテ14 3/4 374内412 アンナベレンナ 1541 2.4	1京 1月21日 7四才上3 500万 8ト14頭 ダ1539 57藤岡佑 M⑥④④ 518 人気1 漸進伸3 1/4 374中384 ビッグアイラン 1534 0.5

1-8	24.1
2-2	☆
2-3	29.1
2-4	☆
2-5	64.1
2-6	28.5
2-7	25.6
2-8	70.5
3-3	51.4
3-4	41.3
3-5	26.4
3-6	11.7
3-7	10.5
3-8	29.0
4-4	☆
4-5	90.8
4-6	40.5
4-7	36.4
4-8	99.8
5-5	☆
5-6	25.9
5-7	23.2
5-8	63.9
6-6	97.2
6-7	10.3
6-8	28.5
7-7	22.3
7-8	25.5
8-8	☆
軸馬	10
単穴	12
連	7 4 1

1着⑪スズカガルチ　（12番人気）
2着①ネクストムーブ　（1番人気）
3着⑦エフハリスト　（11番人気）

単⑪ 3110円　複⑪ 680円　① 140円　⑦ 620円

馬連①－⑪ 4030円　馬単⑪→① 10810円

3連複①⑦⑪ 20830円

3連単⑪→①→⑦ 146360円

惜しむらくは、3連複を購入しなかったこと。3着の⑦エフハリストは、相手候補の一角に入っている馬番だったのだ。3連複2万830円、場合によっては3連単14万6360円の馬券に手が届いた可能性もあったろう。

このように京都ダート1900mは、重賞レースを含めて1枠に入った馬をどのように攻略するかで、馬券の収支も変わってくることだろう。

1枠馬は人気馬だけが激走するわけではない。時系列上、さかのぼってしまうことになるが、18年1月8日京都4R（4歳上5

2018年２月11日京

15	桃8 14	13	橙7 12
ヤマニンバンタジオ ヴィクトワールピサ㊥㊕ 栗毛 ヤマニンプロローグ㋮	オールデン ディープスカイ㊥ 鹿毛 ビシャーラ㋮	グランセノーテ ゴールドアリュール㊥ 栗毛 コーディーライン㊥	デスティネイション ストリートセンス㊥ 鹿毛 ライフストーリー㊥
56 騸4	56 牡4	57 牡5	56 牡4
藤懸	松若	川田	国分恭
田島俊	小西	鮫島	石橋
400	400	450	400
1235	1610	1617	990
土井肇	金山敏也	安原浩司	シェイク・モハメド
錦岡牧場	金成吉田牧場	岡田牧場	ダーレージャパンF
…… …… …… …… …… ……東	…注… …… …注… …… …△… …△東	…△… …△… …▲… …… …◎… B△…	…△… …◎… …△… …△… …… B注…
	中 1357 ⑤ 東 2041 ⑦		京 1510 ⑥
東ダ 36.7 6	東 35.1 ④ 三ダ 36.6 ③	中ダ 36.2 ④	京 34.8 ⑥ 東ダ 37.7 ②
2中 3月12日 ⑥ 3歳 3 未勝 1ダ12頭 天ダ 1563 56 戸崎圭 S ⑩⑨⑥ 516 人気1 4角不利 3 3/4 408 外 378 トラネコ 1556 0.7	5東 11月12日 ④ 3歳上 8 500万 9ダ16頭 三ダ 2131 55 田辺 S ⑧⑦⑥ 444 人気1 伸一息 7 1/4 385 中 379 ラテールプロミ 2118 1.3	4京 10月14日 ④ 3歳上 5 500万 6ダ10頭 天ダ 1539 57 川田 S ③③③ 542 人気1 伸一息 5 1/2 383 中 380 ダノンロッソ 1530 0.9	4京 10月9日 3 3歳上 3 500万 7ダ9頭 天ダ 1593 55 幸 M ①①① 490 人気5 逃粘る 3/4身 364 内 383 ストライクイー 1592 0.1
3中 4月2日 ❹ 3歳 1 未勝 4ダ16頭 天ダ 1544 56 戸崎圭 S ⑬⑤③ 516 人気1 瀬抜出 4身 393 中 382 セガールモチン 1551 0.7	4中京 12月3日 ② 3歳上 7 500万 1ダ16頭 天ダ 1540 56 田辺 S ⑭⑯⑭ 442 人気4 後方差詰 3 1/2 387 外 375 ディスカバー 1535 0.5	3新 10月29日 ❻ 3歳上 4 500万 10ダ12頭 天ダ 1520 57 石橋脩 S ①①① 534 人気2 逃一息 7 1/4 364 内 380 コティニャック 1508 1.2	4京 10月22日 7 3歳上 11 500万 1ダ12頭 天ダ 1592 55 幸 M ①①① 490 人気3 逃一杯 9身 363 内 393 メトロポリス 1577 1.5
1中 1月21日 7 4歳上 9 500万 4ダ16頭 天ダ 1565 56 嘉藤 M ⑪⑬⑪ 546 人気10 後方差詰 11身 392 中 395 インザバブル 1547 1.8	1東 1月28日 ❷ 4歳上 6 500万 15ダ15頭 三ダ 2127 53 野中 M ③②① 456 人気3 先行一息 4 1/2 370 中 382 キングリオ 2119 0.8	3福 11月12日 ④ 3歳上 6 500万 12ダ15頭 千七ダ 1471 57 津村 M ⑤③③ 528 人気3 好位一息 5身 372 中 389 ナンヨーブルー 1463 0.8	3ヵ月半 放牧 乗込み5週間 仕上り○ 連対体重 482～486 3ヵ月以上休 ①②③外 0 1 0 2

00万下）ではド人気薄の1枠馬が激走した。

1着は2番人気（5・2倍）⑧フォースライン、先に3着を記すと、1番人気（2・1倍）⑩カフジキング。1、2番人気馬が1、3着という状況で、2着馬が少しくらい人気薄でも大きな配当は普通、望めない。

ところが、2着に入ったのは15番人気（149・6倍）の①サマーサプライズ。3連複3万1020円、3連単では31万1520円という、まさにサプライズな配当になった。馬連でも4万2880円、馬単なら6万6940円である。
①サマーサプライズは戦歴を見ても特に買うべき理由のない馬で、しかも、この日は44キロ増！という状況だった。競馬の常識に照らし合せれば、真っ先にいらないと判断してしまう馬だろう。
しかし、京都ダート1900m戦で1枠の馬に注意ということを理解していれば、拾えた可能性もあったのでは。1、2番人気から流しても、3連複で3万円となる配当なら押さえておくべき馬の1頭だったのかもしれない。

【ケース4】東京ダート1600mの7枠と⑬、⑭番

東京ダート１６００m戦は、７枠または⑬番の馬が狙い目と指摘した。重賞では先に紹介したように、14年フェブラリーSで16番人気（２７２・１倍）の７枠⑬コパノリッキーが逃げ切って勝利を挙げたことや、17年武蔵野Ｓでは６番人気（13・９倍）で勝った７枠⑬インカンテーションの例を取り上げた。

重賞以外のレースにおいても、７枠の単勝回収率は１００％を超えないものの、97％と高い値を示している。重賞以外での⑬番の成績は【61―58―61―７２７】（勝率６・７％、連対率13・１％、複勝率19・８％）という成績。複勝率は20％を割っており目立つわけではないが、単勝回収率１００％と高い値で、一発が狙えることを示している。

また、フルゲート（16頭立て）の際、同じく７枠となる⑭番にも注目。重賞以外のレースでの⑭番の成績は【57―77―57―６６０】（勝率６・７％、連対率15・７％、複勝率22・４％）。単勝回収率83％、複勝回収率96％とまずまずの成績だ。

話を戻すと⑬番は、単勝オッズ15倍～50倍未満の馬が入ったら、期待度が高まる。該当馬の成績は【13―10―20―２１９】（勝率５・０％、連対率８・８％、複勝率16・４％）。単勝回収率１２０％、複勝回収率１０６％を記録するのだ。

そこで、18年２月４日東京３Ｒ（３歳未勝利）を見てほしい。

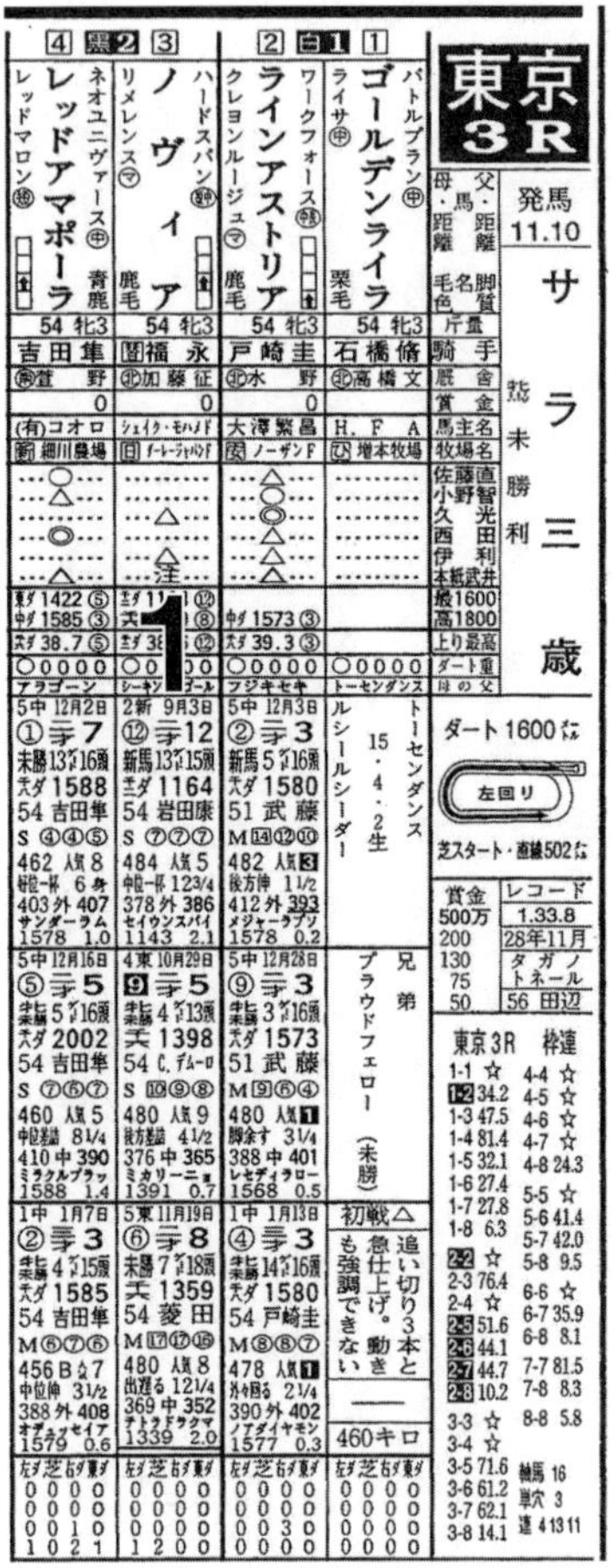
東京3R 発馬 11.10 サラ三歳未勝利
ダート1600m 左回り 芝スタート・直線502m
1 ゴールデンライラ 54 牝3 石橋脩
2 ラインアストリア 54 牝3 戸崎圭
3 ノヴィア 54 牝3 福永
4 レッドアマポーラ 54 牝3 吉田隼

このレースは16頭立てで7枠に入ったのは10番人気（25・5倍）⑬ポルカシュネルと、5番人気（10・4倍）⑭ブルベアクワイの2頭。単勝15倍〜50倍未満に該当するのは⑬ポルカシュネルのほうだ。

結果は、この⑬ポルカシュネルが3着に入る。1着は9番人気（21・3倍）2枠③ノヴィア、2着が3番人気（6・3倍）6枠⑪カグラヤルージュというもの。

残念ながら1着③ノヴィアは、クラス別馬番出目では軸候補、相手候補、ヒモ候補、爆穴候補に入っていなかったため、3連複5万1780円や3連単27万9170円の配当には手が届かなかった可能性が高い。

2018年２月４日東京３Ｒ（３歳未勝利、ダート1600m）

馬番	枠	父	馬名	母（毛色）	斤量・性齢	騎手	厩舎	賞金	馬主	生産者	印	持ち時計	上がり	成績	母父	前走3	前走2	前走1	左ダ 芝 右ダ 東ダ
16	桃8	ダイワメジャー(マ中)	リビングマイライフ	アルーリングライフ(短) 鹿毛	54 牝3	大野	(南)久保田	0	G1レーシング	白老F	◎ ◎ ○ △ ○ ◎	芝1240⑤ 芝1359②		○0000	フレンチデピュティ	4中京 12月3日 ②芝5 新馬6ト18頭 芝1240 54大野 S⑨⑪⑪ 494 人気6 中位差詰 5身 367外346 ミッキーワイルド 1232 0.8	4中京 12月17日 ⑥芝5 未勝6ト16頭 芝1367 53木幡巧 S⑤④③ 496 人気4 好位一息 1 1/4 371中354 イルーシヴグレ 1365 0.2	1中 1月14日 ⑤芝2 未勝10ト16頭 芝外1359 54大野 S③④④ 494 人気8 好位伸 2身 368内351 モルフェオルフ 1356 0.3	0000 0100 0000 0200
15	桃8	ダイワメジャー(マ中)	ムールヴェードル	ヴァンドノワール(短) 青毛	54 牝3	浜中	(北)手塚	0	キャロットF	ノーザンF	△ ▲ ▲ ▲ ◎ ▲	芝1280❹ 芝1363⑤		○0000	ヘクタープロテクター	兄弟 ヘクタープロテクター プリンセスデリーデ ブラックエンブレム 2・4生	4東 10月29日 ❾芝4 新馬6ト16頭 芝1280 54ルメール S⑨⑨⑧ 480 人気❶ 中位伸 4 1/2 379中374 ヒシコスマー 1272 0.8	5東 11月25日 ⑦芝5 未勝9ト18頭 芝1363 54ルメール S⑥⑤⑤ 480 人気❸ 好位一息 2 1/2 369中347 レネット 1359 0.4	0000 0000 0000 0200
14	橙7	タートルボウル(マ)	ブルベアクワイ	ブリモレディ(中) 鹿毛	54 牝3	田辺	(北)伊藤圭	0	ブルアンドベア	グランド牧場	▲ 注 … △ △ △	東ダ1395❾ 中ダ1570⑥	大ダ37.5⑥	○0001	サンデーサイレンス	4中京 12月10日 ④ダ6 牝未勝1ト9頭 大ダ1570 51菊沢 S⑦④④ 468 人気9 追上一杯 6 1/4 389外393 メジャーマジック 1559 1.1	1中 1月6日 ①ダ3 未勝2ト16頭 大ダ1573 51菊沢 H⑫⑫⑩ 462 人気10 内つき伸 5身 385中400 トーセンゼロス 1564 0.9	1中 1月20日 ⑥ダ3 牝未勝14ト14頭 大ダ1583 54内田博 S⑨④④ 464 人気❸ 漸進伸 1 1/4 400内395 ミレフォリウム 1581 0.2	0000 0000 0020 3102
13	橙7	タートルボウル(マ)	ポルカシュネル	ポルカマズルカ(長) 鹿毛	54 牝3	田中勝	(南)畠山吉	0	社台RH	社台F	… … △ △ … ○	新[illegible]⑤	大ダ[illegible]❺	○[illegible]01	テ[illegible]トリ	2新 9月2日 ⑪ダ5 未勝11ト15頭 大ダ1575 54石橋脩 H⑥④⑦ 468 人気6 発馬躓く 5 1/2 378外408 グラファイト 1566 0.9	4中 9月30日 ❽ダ5 未勝2ト16頭 大ダ1577 54田中勝 S⑫⑫⑪ 464 人気9 後方差詰 4 1/4 392中397 ミックベンハー 1569 0.8	4ヵ月休 放牧 乗込み3週間 仕上り○ 理想体重480キロ 3ヵ月以上休 ①②③外 0001	0000 0000 0000 2010
12	緑6	プットリー(マ)〔父〕スズカマンボ(中長)	サンローレンス	プットリー(マ) 青鹿	54 牝3	松岡	(南)伊藤伸	0	加藤ステーブル	ケイズ	△ … … … … …	東1361⑩ 中ダ1592⑥	大ダ41.0⑥	○0000	ブラックホーク	4東 10月22日 ❼芝11 新馬4ト16頭 芝1318 54松岡 S⑪⑭⑮ 454 人気8 後方まま 16 1/2 392中394 ハーグリーブス 1291 2.7	5東 11月5日 ②芝10 牝未勝11ト18頭 芝1361 54松岡 M⑭⑭⑭ 450 人気14 後方直丈 7 1/4 367外355 ライレローズ 1349 1.2	5中 12月3日 ②ダ6 未勝10ト15頭 大ダ1592 54松岡 M⑮⑮⑭ 452 人気7 後方直丈 16 3/4 404外410 キャベンディッシュ 1564 2.8	0000 0000 0000 0210
11	緑6	ヨハネスブルグ(マ)	カグラヤルージュ	アルウェット(中) 黒鹿	54 牝3	菅原	(北)奥平雅	0	西村亮二	浜本牧場	注 △ 注 ○ △ △	東ダ1[illegible]9❺ 中[illegible]②	大ダ38[illegible]❺	○[illegible]01	エ[illegible]ー	4東 10月22日 ❼ダ5 新馬15ト16頭 大ダ1399 54菅原 M②⑤⑤ 484 人気13 好位一息 7身 361外385 グラスチャンプ 1388 1.1	3福 11月3日 1芝2 牝未勝7ト13頭 大ダ1498 54菅原 M④⑥⑤ 476 人気5 好位伸 2身 376中397 ディーズフェイ 1495 0.3	1中 1月13日 ④ダ2 牝未勝2ト16頭 大ダ1577 54菅原 M③④③ 464 人気5 一旦抜出 クビ 385中403 ノアダイヤモン 1577 0.0	0000 0020 0000 1001
10	黄5	キャプテントゥーレ(中)	クリアロマンス	エターナルロマンス(中) 芦毛	54 牝3	(替)内田博	(北)小笠	0	伊東純一	タツヤF	… … … … … …	大1542⑩ 右ダ1503⑤	右ダ40.5⑤	○0000	シンボリクリスエス	兄弟 シンボリクリスエス シルクフェニックス フェニックスマーク 2・28生	2福 7月22日 ⑦ダ10 牝新馬9ト14頭 大1542 54横山典 S⑧⑨⑩ 444 人気12 中位一杯 9身 400中354 ナスノシンフォ 1528 1.4	3福 11月11日 ③ダ5 未勝4ト15頭 右ダ1503 54吉田隼 M⑪⑧⑤ 454 人気10 出遅る 12身 383中405 ブロンズケイ 1484 1.9	0000 0000 0000 0110
9	黄5	パイロ(マ中)	フクキタル	ローレルアイ(中) 黒鹿	51 牝3	▲野中	(北)竹内	0	佐藤範夫	ワールドF	△ △ △ 注 注 △	中ダ1584⑤	大ダ38.2⑤	○0000	フサイチコンコルド	兄弟 フサイチコンコルド ミスメイパン ローレルアルトス 4・6生	レース診断 上昇度○ 出遅れて前半置かれたが内から脚を伸ばした	1中 1月6日 ①ダ5 牝新馬10ト15頭 大ダ1584 51野中 M⑮⑭⑭ 444 人気7 後方追上 4 1/4 411内382 アトムアストレ 1577 0.7	0000 0000 0000 0010
8	青4	ルーラーシップ(中長)	シーザライト	ウェルシュステラ(中) 鹿毛	53 牝3	(替)☆井上	(北)国枝	0	広尾レース	木村秀則	… … … … … …	東1513⑬		○0000	ザフォニック	兄弟 ザフォニック カタリスト ステラリード 2・11生	2福 7月22日 ⑦芝12 牝新馬11ト14頭 大1555 54丸田 S⑨⑫⑫ 490 人気10 中位一杯 16 1/2 402中364 ナスノシンフォ 1528 2.7	5東 11月19日 ⑥芝13 牝未勝15ト16頭 大1513 54池添 S⑯⑮⑮ 496 人気11 出遅る 10 3/4 387内350 ナスノカツラ 1496 1.7	0000 0000 0000 0200
7	青4	ダイワメジャー(マ中)	ダイワルーシー	ダンスオブザマンボ(中長) 鹿毛	54 牝3	三浦	(北)鹿戸雄	0	大城敬三	社台F	… … … △ … …	東ダ1410[5] 中1503⑧	大ダ38.4[5]	○0000	キングマンボ	兄弟 キングマンボ バレリーナ カフジキング 2・9生	5東 11月25日 [7]ダ5 新馬11ト16頭 東ダ1410 54北村宏 M[8]⑥⑥ 446 人気5 好位一息 13 1/4 368中384 プロスパラスデ 1389 2.1	5中 12月9日 ③ダ8 牝未勝14ト16頭 大内1503 54三浦 M[9]⑧⑧ 454 人気12 出遅る 6 1/2 380中361 エファティアテナ 1492 1.1	0000 0000 0000 1101
6	赤3	ゴールドアリュール(中)	グリズリダンス	オンワードミシェル(中) 鹿毛	54 牝3	(替)津村	(南)相沢	0	石瀬浩三	石郷岡雅樹	△ △ △ … △ △	中ダ1584⑤	大ダ41.1⑤	○0000	ナンバーシャダイ	5中 12月10日 ④ダ2 新馬4ト15頭 大ダ1586 54津村 H①①① 462 人気5 逃粘る 1 3/4 373内414 ディサーニング 1583 0.3	5中 12月28日 ⑨ダ5 牝未勝8ト16頭 大ダ1584 54津村 M③④④ 462 人気❸ 好位一杯 10 1/4 381中417 レセディラロー 1568 1.6	1中 1月13日 ④ダ5 牝未勝12ト16頭 大ダ1586 54石橋脩 M⑥④⑤ 462 人気❸ 好位一息 5 3/4 387外411 ノアダイヤモン 1577 0.9	0000 0010 0000 0020
5	赤3	ロージズインメイ(中)	ペイシャスター	ベツレヘムスター(短) 黒鹿	54 牝3	横山和	(北)土田	0	北所直人	飯岡牧場	… … … … ▲ …	大1544[8] 右ダ1487⑦	右ダ39.5⑦	○0000	フジキセキ	1札 8月13日 [6]芝8 新馬6ト11頭 大1544 54横山和 M⑩⑩⑩ 478 人気8 後方直丈 12 1/4 385中375 フラットレー 1523 2.1	2札 9月2日 ⑤ダ7 未勝10ト13頭 右ダ1487 54横山和 M⑩⑩⑨ 474 人気11 出遅る 17 1/4 382中395 ハヤブサレジェ 1457 3.0	5ヵ月休 放牧 乗込み5週間 仕上り○ 理想体重470キロ 3ヵ月以上休 ①②③外 0001	0000 0000 0000 0110

3 2

１着③ノヴィア　（９番人気）
２着⑪カグラヤルージュ　（３番人気）
３着⑬ポルカシュネル　（10番人気）
単③ 2130円　複③ 680円　⑪ 220円　⑬ 600円
馬連③－⑪ 8250円　馬単③→⑪ 16800円
３連複③⑪⑬ 51870円
３連単③→⑪→⑬ 279170円

しかし、7枠⑬ポルカシュネルと2着に入った6枠⑪カグラヤルージュとのワイド2310円は獲れた可能性もあったはず。新馬、未勝利における軸候補は、⑪番と⑬番の2頭が該当馬だったからだ。

3連系馬券の場合、3頭とも出目傾向で捕まえるのは、なかなか難しい。しかし、ワイドや馬連、馬単ベースでは、ちょくちょくとオイシイ配当を手にすることができるのも事実なのだ。

また、⑭番は1番人気馬が入ると、複軸として堅い傾向が見られる。

重賞以外のレースで⑭番に1番人気馬が入った際の成績は【17—16—5—14】（勝率32・7％、連対率63・5％、複勝率73・1％）という成績。単勝回収率は73％と冴えないが、複勝回収率は93％と、1番人気馬としては高い値を記録している。ちなみに、1番人気馬の勝率は33・5％、連対率は52・1％、複勝率は64・9％（17年平地成績）というもの。

勝率こそやや劣るが、連対率、複勝率は一般的な1番人気馬の値を大きく上回っているのがわかるはず。穴馬も好走しているが、⑭番の場合、1番人気馬かどうかというのはチェックしておくといいだろう。

一方で買いづらいのが①番だ。重賞以外のレースでの①番の成績は【40―41―51―903】(勝率3・9%、連対率7・8%、複勝率12・8%)。勝率は5%を、連対率は10%を、複勝率は15%を唯一切っている馬番なのだ。

ただし、1番人気馬が入った場合のみ、堅い傾向にある。①番に1番人気馬が入ったときの成績は【20―7―7―19】(勝率37・7%、連対率50・9%、複勝率64・2%)という成績。40勝中20勝が1番人気馬によるものだったことがわかる。

つまり、2番人気以下の馬は割引でOKということ。さらに、①番に入った8番人気以下の馬は、過去10年で1勝もしていないのだ!

――よりよく本書を活用するためのQ&A

本書の第1章では、基本セオリーとして、各競馬場1~12Rの【芝・ダート別】出目候補を算出しています。また、それを補助する出目表として設けているのが【軸馬リンク・データ】。こちらも芝とダートに分類し、自分の決めた軸馬番を当てはめれば相手候補の馬番が算出されるというものです。

また、2章ではGIレースが施行されるコース、出目の偏りなどが見られやすいコースを中心に、出現しやすい馬番（枠番）を掲載しました。本編でも使い方の一部や実践記を掲載していますが、今一度、本書のコンセプトや使い方をQ&A形式にてお送りします。

Q 結局、どの出目表を使えば当たるのか？

A ひと言でお答えするには非常に厳しい質問です。デメ研スタッフが検証&実践を行なう際、気をつけたことがありますので、紹介することにしましょう。

①基本セオリーを重視する。

基本セオリーとは、各競馬場の芝・ダート戦における競走番号別出目を指します（P62〜81、見開きの右ページ）。

まず、ここで本命軸となっている馬をチェック。1章の実践例でも紹介した阪神大賞典のスーパーマックスのように、明らかに厳しいと思われる馬以外は、素直に軸とすることにしました。そこであまりにも的中率が悪い場合は、やはり確率の高い相手候補の中から軸馬を抜擢したこともあります。

②基本セオリーで挙がった軸馬番を、【軸馬リンク・データ】の出目表に当てはめてみる。

軸馬番を【軸馬リンク・データ】（P62～81、見開きの左ページ）に当てはめてみると、基本セオリーで挙がっていなかった馬番が含まれていることでしょう。そういった馬はヒモ候補として加えることにしました。本書の実践例でも見られるよう、3連複の点数が数点多くなっているのはそのためです。

もちろん、実践時は馬連などを購入する際に活用したりもしています。基本セオリーの本命、相手候補の馬番にピンと来なかった場合、自ら軸馬を探し【軸馬リンク・データ】に当てはめることも可能です。

Q　2章の25コースの出目表と1章の出目表が重ならない。どちらも買うと、点数が多くなってしまう。

A　1章だけでも十分に配当妙味のある馬券を的中したり、高配当馬券へ近づくことは少なくないと自負していますが、掲載した25コースについては2章を優先する手もあるでしょう。

というのも、1章はあくまでも競馬場全体における成績をベースとして、作成されている出目表です。例えば新潟芝コースは①番の複勝率が低いというデータがありました。これは、

①番が不利となっている芝直線1000m戦も含まれているため。もちろん、それを除いても新潟芝コースにおける①番はマイナスだとは思うのですが、1章をさらに細かく分析したものが、25コースによる出目表だとご理解ください。

Q 障害戦の成績は含まれていますか？

A 今回の出目表に障害戦の出目は含まれておりません。あくまでも平地のみの成績です。ただし、障害戦は08年～18年3月4日までのデータ集計期間で単勝回収率が76％と、平地戦よりも少し波乱傾向が見られます。フルゲートでも一部のJ・GIを除けば14頭立てなので、出目攻略のしがいがあるかもしれません。

そこで、障害戦における複勝率トップ3の馬番をここで紹介しましょう。なお、すべての競馬場をトータルした結果となっています。

●障害戦の頻出馬番

・複勝率1位…②番【114―124―132―934】
勝率9・0％　連対率18・4％　複勝率28・5％

・複勝率2位…⑦番【124―101―120―962】

勝率9・5%　連対率17・2%　複勝率26・4%

・複勝率3位…⑥番【125―110―101―972】

勝率9・6%　連対率18・0%　複勝率25・7%

もちろん、詳細に分析すれば競馬場ごとによる差も激しくないと思いますが、②、⑥、⑦番を絡めて購入すると的中率は上がるはずです。

Q　券種選択は何がベストなのか?

A　ワイド、3連複系をメインに考えています。

券種の選択は本来、馬券を購入される皆さんのスタンスで異なることでしょう。単複しか買わない、3連単しか買わないというようにさまざまだと思います。どれがベストなのかは競馬ファンにとって永遠のテーマでしょう。

ただ、本書では複勝率に重点を置きました。1章：基本セオリー、2章：コース出目で軸候補となっている馬番は、基本的にデータ集計期間において複勝率の高い馬番です。

続いて重視したのが単複回収率です。複勝率が高くて単複回収率のどちらかが100%を超えている馬番は、軸候補や相手候補として取り上げられている可能性が高いと思っていただいて間違いありません。

そういった意味では、軸馬番からワイドや3連複系を購入するのが、本書の出目と相性がいいと考えています。

Q 軸候補、相手候補、ヒモ候補、爆穴候補はそれぞれ、どう違うのか?

A 前項の質問と少し重なる部分もあると思いますが、軸、相手候補は基本的に複勝率、単複回収率の高い馬番がチョイスされています。

仮に①番の複勝率が26%、単勝回収率25%、複勝回収率74%、②番の複勝率が25・7%、単勝回収率88%、複勝回収率102%だったとしましょう。その際は、②番を上位に取っていることが大半です。

特に2章では、過去10年分のデータを使用しており、母数はそれなりに確保されています。もちろん単複回収率はひとつの指標でしかなく、たった1頭の単勝万馬券馬が勝利してしまえば、それだけで回収率を伸ばすことも少なくない。ただ、現状はあくまでもデータで出現した数字をベースに、馬番をピックアップしました。

また、極端に出現数の少ない馬番や単複回収率が低い馬番はあえて、ヒモ候補や爆穴候補に加える場合もあります。

新潟芝直線1000m戦のように、コース形態から明らかに①番が不利というのであれば、出目表に加えても意味を持たないことでしょう。しかし、特に理由もないのに出現数の低い目があるのも事実。そういった馬番は将来的な出現を期待して、ヒモ候補や爆穴候補に加えている場合も少なくありません。またヒモ候補や爆穴候補には、単勝万馬券馬が1～3着に入った回数が多い馬番が入っているケースもあります。

Q 出目表と実践例では、微妙に買い目が異なるけど？

A 本書の制作上、データを取りながら馬券を購入しています。特に18年1月～3月期の馬券は実践と検証、データの取得を並行して行ないました。そのため、一部の馬番の取捨選択が変わっているところもありますので、ご了承ください。また、先にも説明した通り、基本セオリー以外の表（軸馬番リンク・データなど）も活用し、ヒモを手広くしている場合も少なくありません。

読者の皆さんには、馬券の券種選択なども含めて、本書の出目データを適宜ご使用いただきたく存じます。

●デメ研…出目馬券研究会。古今東西の出目馬券術にこだわるマニア・ライター集団。いかに楽して大きな馬券を獲るかが会員のメインテーマ。

出《で》目《め》キング！

2018年4月30日　初版第一刷発行

著者◎デメ研《けん》

発行者◎塚原浩和
発行所◎ＫＫベストセラーズ
　　　　〒170 - 8457　東京都豊島区南大塚2丁目29番7号
電話　03 - 5976 - 9121（代表）

印刷◎近代美術
製本◎ナショナル製本

ISBN978 - 4 - 584 - 13860 - 1　C 0075